La collection « La vc
est dirigée par Sir

L'Hexagone bénéficie du soutien de la Société de développement des entreprises culturelles du Québec (SODEC) pour son programme d'édition.

Gouvernement du Québec – Programme de crédit d'impôt pour l'édition de livres – Gestion SODEC.

Nous reconnaissons l'aide financière du gouvernement du Canada par l'entremise du Programme d'aide au développement de l'industrie de l'édition (PADIÉ) pour nos activités d'édition.

Nous remercions le Conseil des Arts du Canada de l'aide accordée à notre programme de publication.

L'école des ponts jaunes

PHILIPPE HAECK

L'école
des ponts jaunes

poème-vie

l'HEXAGONE

Éditions de l'HEXAGONE
Une division du groupe Ville-Marie Littérature
1010, rue de La Gauchetière Est
Montréal, Québec H2L 2N5
Tél. : (514) 523-1182
Téléc. : (514) 282-7530
Courriel : vml@sogides.com

Maquette de la couverture : Nancy Desrosiers
Illustration de la couverture : *Un ami*, huile de Jean-François Boisvert

Données de catalogage avant publication (Canada)
Haeck, Philippe, 1946-
    L'école des ponts jaunes
    (La voie des poètes)
    ISBN 2-89006-712-2
    I. Titre. II. Collection : Voie des poètes.
PS8565.A32E26   2004   C841'.54   C2003-942101-5
PS9565.A32E26   2004

DISTRIBUTEURS EXCLUSIFS :

• Pour le Québec, le Canada et les États-Unis :
LES MESSAGERIES ADP*
955, rue Amherst
Montréal, Québec H2L 3K4
Tél. : (514) 523-1182
Téléc. : (514) 939-0406
*Filiale de Sogides ltée

• Pour la Belgique et la France :
Librairie du Québec / DNM
30, rue Gay-Lussac, 75005 Paris
Tél. : 01 43 54 49 02
Téléc. : 01 43 54 39 15
Courriel : liquebec@noos.fr
Site Internet : www.libriszone.com

• Pour la Suisse :
TRANSAT SA
C.P. 1211 Genève 3
Tél. : 022 342 77 40
Téléc. : 022 343 46 46
Courriel : transat-diff@slatkine.com

Pour en savoir davantage sur nos publications,
visitez notre site : **www.edhexagone.com**
Autres sites à visiter : www.edtypo.com • www.edvlb.com
www.edhomme.com • www.edjour.com • www.edutilis.com

Dépôt légal : 1er trimestre 2004
Bibliothèque nationale du Québec
Bibliothèque nationale du Canada

© l'HEXAGONE et Philippe Haeck, 2004
Tous droits réservés pour tous pays
ISBN 2-89006-712-2

À qui a hâte de sortir de l'école,
à Andrée Armstrong et Gabriel Landry,
aux jeunes qui m'ont enseigné.

Merci à Pâque, Jean-François, Simone, Marie-Claude et Céline, aux élèves qui ont écrit les textes dont je cite un passage : Alexis Hétu, Anne Paquet, Annie Desrochers, Annie Gerbeau, Audrey Chagnon, Bruno Gonçalvez, Camille Semaan, Carl Bélec, Caroline Aubé, Catherine Chapados, Catherine Emmanuelle Dion Sabourin, Chantal Malard, Chantal Pellerin, Chantale Nicefore, Christian Lacroix, Cindy Gras, Clara Charest-Marcotte, Claude Caron, Claude Lafortune, Daniel Rousse, Delfine Lambert, Denis Mailloux, Dorota Wasilewski, Éliane Gangarossa, Élise Filteau, Elizabeth Sullivan, France Vézeau, François Beaudin, François Bélanger, François Giroux, François Goudreau, Frédérick Da Costa, Gaetano Marsala, Geneviève Décarie, Geneviève Forget, Ghislaine Théberge, Guillaume Martin-Doire, Guylaine Julien, Hoai Phuong Le Nguyen, Isabelle Lefaivre, J. Erik Durand, Javiera Arroyo, Jean Bérubé, Jean Roy, Jean-Philippe Vézina, Johanne Dubé, Johanne Fontaine, Josée Bélanger, Josiane Couteau, Julie Biron, Julien Courteau, Karine Poëti, Laurent Piché-Vernet, Lise Bourget, Luc Audet, Luc Tremblay, Lucia Rover, Marc-Antoine Godin, Marcel Carrier, Marie-Florise Elysé, Marie-Pierre Genest, Marjolaine Gratton, Marjolaine Guérin, Marjorie Lemay, Martin Archambault, Martin Daigle, Mathieu Doucet, Maxime Gaudreau, Maxime Lécuyer, Maxime Ouellette, Maxime Trocmée, Mélanie Isaac, Melissa Pelchat, Mistral Gedeon, Monique Houle, Nadia Morin, Nadine Meloche, Nathalie Paquet, Olivier Payant, Patrice Bérard, Patrick Lamarre, Patrick Sabourin, Philippe Baillargeon, Pierre Dénommée, Pierre Pagé, Renée Loiselle, Richard Sandoval, Richard Vachon, Rosemonde Gingras, Samuel Côté-Steben, Sandra Urizar Hernandez, Sara Lamer, Sébastien Archambault, Sonia Arsenault, Sonia Georgy, Sophie Dubois, Stéphane Bédard, Stéphane Leclerc, Stéphane Ouimet, Stéphanie Dagenais, Suzanne Walsh, Sylvain Deguire, Sylvie Tremblay, Valérie Beauchamp, Vesna Ziher, Vincent Chapados et Yves Jobin.

« Aidons les vaches à ruminer », dit le bienveillant, posant sa fourchette un instant.

HENRI MICHAUX

Les voici courant sur le pont de bois, à la fois rieurs et comme élargis.

RENÉ CHAR

Ouverture

Un poème-vie autour de l'école fait de quarante-cinq notes parce que j'ai publié de 1978 à 2002 quarante-cinq cahiers de textes de création d'élèves ; chaque note est précédée d'une voix de fille et suivie d'une voix de gars – le texte est alors en italique – pour vous donner à entendre des élèves qui m'ont autant éveillé que j'ai pu les éveiller : une classe où on n'entend que la voix du prof ne me paraît plus un lieu d'apprentissage réel. L'écriture des notes, le choix des extraits – deux par cahier – ont été faits séparément, mais ce n'est pas un hasard s'ils paraissent parfois étroitement liés : quand des individus travaillent ensemble, que chacun risque sa voix, il arrive assez souvent que, malgré la couleur unique de chaque voix, il y ait dans chacune comme des éclats des autres voix. Le nom des cahiers, Signaux, *saluait le livre de Gilles Hénault où sont rassemblés ses premiers livres de poèmes :* Signaux pour les voyants.

En exergue, j'aurais pu mettre ces mots de Tinamer : « Le temps vint où je dus aller à l'école qui se trouvait, comme bien on pense, du mauvais côté des choses. » *Cette note de Vassili Rozanov dans* Feuilles tombées *:* « Tant que vous ne vous serez pas soumis à l'école et que vous ne vous serez pas laissé docilement transformer en bon à rien, vous n'aurez accès nulle part, vous n'obtiendrez aucune place et vous serez partout éconduit. » *Cette pensée notée par Lichtenberg dans le cahier J des* Sudelbücher *:* « Un maître d'école ou un professeur n'éduque jamais *que des espèces, point des individus.* » *Ces mots d'un jeune garçon après quelques semaines d'école dans* Le monde gris *de Galsan Tschinag :* « *Je ne suis plus vraiment moi, je suis déjà presque un* élève. » *Ces vers de Nazim Hikmet dans* Il neige dans la nuit et autres poèmes :

> *En cette minute, à cet instant,*
> *dans les écoles tous les enfants ont répondu*
> *sans bégayer   à toutes les questions.*

Cette remarque dans Le mécontentement *de James Kelman :* « *C'était le genre de prof qui aime passer des cours entiers à discuter de questions secondaires essentielles.* » *Ces mots de Simone dans* Souvent la nuit tu te réveilles *de Geneviève Letarte :* « *Et puis, il y a les étudiants. C'est pour eux que l'on est professeur, grâce à eux que l'on finit par oublier les murs beiges et les absurdités administratives. Peu à peu, j'ai compris que ma seule raison d'être là était de les aimer, et c'est ce que j'ai fait.* » *Le premier vers du poème* « Among School Children » *de Yeats :* « *I walk through the long schoolroom questioning.* » *Ce petit problème de Jean Tardieu dans* Le professeur Frœppel : « *Étant donné un mur, que se passe-t-il derrière ?* » *Ce que rapporte naïvement, dans* Les herbes folles de Tchevengour *de Platonov, la jeune Sonia qui étudie pour devenir institutrice :* « *Il y a un professeur qui dit que nous sommes de la pâte puante et qu'il fera de nous un gâteau sucré.* »

1

« On m'a piétinée si souvent que j'en ai gardé le dos courbé. On s'est moqué de moi tellement souvent que j'ai désappris le rire… »

Mais tranquillement je me relève et je ris, je ris de moi-même, de mes frustrations, de tout ce que je croyais insurmontable, de tout ce qui me retenait, car rien ne me retenait et rien ne me retient.

Je suis une tasse usée : si vous aimez les tasses neuves, brillantes, laissez-moi de côté, ne buvez pas dans ma tasse. Thérèse de l'Enfant-Jésus : « Je fus prise à cette époque d'un véritable amour pour les objets les plus laids et les moins commodes, ainsi ce fut avec joie que je me vis enlever la jolie *petite cruche* de notre cellule et donner à sa place une *grosse* cruche *tout ébréchée*… » (*Manuscrits autobiographiques.*) Susana Tamaro : « Une tasse ébréchée, une tasse ternie par les nombreux thés que l'on a bus, est une tasse qui a vécu avec nous, un objet auquel nous avons accordé patience et attention, un objet qui, au fil du temps, s'est chargé de nos humeurs et de nos sentiments, et qui, en échange, nous a prêté ses services. […] Une longue amitié porte les mêmes marques qu'une tasse noircie par le temps ; il y a des fêlures et des ombres dans les objets quotidiens, tout comme il y a des moments de fêlure et d'ombre dans les amitiés. » (*Un cœur en chemin.*)

Plusieurs croient qu'ils sont sortis de l'école alors que l'école n'est pas sortie d'eux. L'école est une prison : défense de penser par nous-mêmes, défense de créer, obligation de répéter ce qui ne nous intéresse pas. L'école est un HLM où on manque d'air, d'espace. Pourtant il arrive qu'on y voit s'ouvrir quelque chose. J'écris ces notes pour me laver de la tristesse qui a poussé en moi en voyant tant d'élèves s'y ennuyer, avoir envie d'envoyer paître tant de leurs enseignants. J'ai été à l'école cinquante ans. J'ai eu des enseignants de cinq à vingt-sept ans, des élèves de vingt et un à cinquante-cinq ans. Je n'aime pas l'école même si j'y ai été plutôt heureux les vingt-cinq dernières années. J'ai mis du temps à voir ce qui s'y passait, à comprendre pourquoi la plupart n'y trouvent presque aucune joie. Un jour j'ai vu que la classe était un espace froid, j'ai pensé quitter l'enseignement. La façon d'enseigner – le discours magistral, peu importe qu'il soit arrogant, vif ou terne, les exercices inutiles qui n'éveillent pas l'intelligence – crée cet espace froid. L'écriture de mes premiers poèmes m'a sauvé : j'ai senti en les écrivant un plaisir que je ne sentais pas à faire des travaux d'analyse – explications de textes, dissertations. Quand vous invitez les élèves à faire quelque chose qui met en jeu leur vie, ils sont intéressés ; quand vous les condamnez à écouter des exposés, à répéter la parole des autres, à enfouir la leur, ils s'ennuient – je commence à prendre plaisir à la parole de l'autre quand je m'éveille à la mienne.

Dans mes deux premiers poèmes publiés en juin 1973 dans la revue *Les Herbes rouges* :

> Il faut voir si le ciel va pénétrer notre cour ou encore si le mur en entier va s'écrouler, là, tout près de nous. [...] Que faire sinon rire de tout rompre. [...] L'intelligence qui circule aujourd'hui est plate. Quelques-uns, en toute retraite, fabriquent des fêtes encore non ouïes. [...] Tout se passe, notre vie, l'enjeu, dans la bibliothèque.

L'accouplement d'inégalités est une règle géné-rale que nous voulons détruire. [...] Seins je vous aime. [...] En gros caractères, sur tel journal, CULTIVEZ-VOUS DEVENEZ UNE PATATE. [...] Je suis émaillé de pâquerettes.

Un poème met en jeu ma vie, la vie ; un poème, quand il n'est que la reproduction d'une structure, est une forme vide de vie, ce n'est pas un poème. Quelle école invite à écrire des poè-mes, permet de trébucher, de chanceler, de se redresser, de marcher, de danser, de sauter.

Chambre froide et noire. Une fille est là. Elle est étendue sur le lit au matelas dur. Sa jupe relevée, ses jambes écartées, son vagin prêt à accepter. Je suis là debout près du lit, sans pan-talon. Elle me fait signe de venir. Mon sexe est dur et chaud. Je plonge soudain et pénètre cette fille à peine connue. Tout va vite. Elle crie et je me relâche. Masturbation à la limite de l'acte de l'amour. Elle pleure, moi aussi.

2
Tout tremble ici autour parce que j'ai oublié de dire que je t'aime, il y a si longtemps que tu veux le voir écrit sur mes textes.
JE T'AIME, JE T'AIME, JE T'AIME.
Tu peux y ajouter tout ce que tu veux, ça m'est égal, tu me plais un point c'est tout. Mon hiver, c'est peut-être toi. Qui sait ? Ma neige à moi, c'est peut-être ton sperme à toi.
Si je t'aime autant que j'aime la neige, c'est que je t'aime beaucoup.

Pour changer l'école, n'attendez pas grand-chose de l'État ou d'enseignants qui n'ont pas d'autres pensées que celles des directives ministérielles et des manuels qu'on leur fournit, attendez quel-que chose surtout de vous : le système scolaire peut être mutilant, mais ce que vous faites dans une classe peut être éclairant, parfois lumineux. Je dis *vous* sans vous connaître, peut-être sommes-nous semblables, peut-être pas : si nous le sommes, notre enfance, notre adolescence brûlent toujours en nous ; nous aimons lire lentement un livre qui ouvre nos secrets plutôt que rapidement les propos pressés des journalistes ou simplificateurs des vulgarisateurs, nous cessons de lire pour penser, rêver, écrire quelque chose dans la marge. Ce que je sais de l'école, j'ai envie de vous le dire au cas où ça vous donnerait des idées ou le courage des gestes neufs, j'aurais aimé l'entendre quand j'étais un étudiant appliqué, obéissant – le professeur de pédagogie que nous avions à l'École normale (l'ancien nom des facultés de l'éducation ne manquait pas de justesse : l'école apprend à obéir à des normes, rend normal ce qui ne l'est pas) était un homme autoritaire, nous avions dix-neuf ans et nous le craignions – ou quand j'étais un jeune enseignant qui enseignait comme il avait été enseigné : quoi de plus ennuyeux qu'un apprenti qui donne des cours magistraux, se prend pour un maître alors qu'il ne pense pas par lui-même.

Je suis devenu meilleur enseignant en cessant d'enseigner, en me laissant enseigner par les élèves. C'est la fatigue de parler tout seul en avant d'une classe, la certitude de lasser ainsi plusieurs élèves qui m'ont amené à non-enseigner, à me laisser enseigner. J'ai connu la fatigue du non-enseigner, plus grande parfois que celle d'enseigner, mais cette fatigue-là est bonne parce que les autres sont en moi, je ne suis plus seul. J'écris pour brûler ce que j'ai vécu, continuer mon chemin. J'écris pour taper sur la gueule de ma tristesse, je suis un boxeur : de mes poings sortent parfois des poèmes. J'écris ce qui pousse sauvagement en moi. Mes textes sont des herbes sauvages au milieu desquelles, par chance, vous trouvez de petites fleurs. L'écriture m'a donné une tête sauvage amoureuse de têtes têtues. Ma tête sauvage, même si elle me complique la vie de temps en temps, me plaît assez ; ce qui ne m'empêche pas certains jours de ne pas m'aimer du tout, mais j'aime encore mieux mon nombril tranquille, mes pieds au soleil. Une vache qui rumine ses cinquante ans d'école, voilà ce que je suis. Je préfère les taches aux haches, la gentillesse au cynisme ; j'essaie de ne pas mordre, de dessiner une conversation aimante, d'être une vache qui rit. Le mensonge me rend malade, les chansons et les rêves font naître sur ma peau des sourires petits et grands.

Je scrute chacun des mots de chacune de mes phrases en les faisant glisser un à un entre mes doigts comme des perles rares.

Certains se glissent sur mes jambes, sous mes aisselles, s'écrasent sur le sol jaune, remontent l'échine de mon dos traçant un zigzag et refont surface subitement. D'autres s'élèvent vers le haut et s'évanouissent sans un geste.

3
Qu'il tourne le cerveau. Vive la mise en question, l'espoir, la révolte !

Qu'il vive le corps. Vive la sueur, le sang, la jouissance !

Qu'elle tonne la colère. Qu'elle monte en moi comme l'eau dans une écluse, compressée, prête à tout faire éclater.

Pierre m'a envoyé une carte postale : Albert Camus, index de la main gauche levé, deux billes noires, lèvres amusées, dit : « Il n'y a pas de honte à préférer le bonheur. » Au verso il a écrit : « Je me souviens qu'un jour j'ai éloigné une élève, elle parlait trop. Quelques cours plus tard, l'oiseau ne parlait plus, ne souriait plus.

J'avais brisé sa confiance en moi, en elle, son goût vivant de parler, de rire. Près de moi, elle se savait libre ; loin, je l'avais mise en cage. Oui, elle avait raison comme Camus. » Jeune enseignant j'étais mal à l'aise si des élèves riaient, j'imaginais qu'ils se moquaient de moi. Peu à peu mon malaise a disparu, moi qui riais peu je comprenais que mes propos naïfs puissent parfois en faire rire quelques-uns peu habitués à ce qu'un enseignant dise simplement ce qu'il pense de la matière, ce à quoi elle lui fait penser. Je les ai laissés rire – le rire est libérateur, n'est-il pas aussi agréable qu'un étirement quand on commence à se sentir ankylosé. À ma dernière session il y avait trois ou quatre gars dans un groupe qui devaient sûrement fréquenter une école du rire : je n'ai jamais eu tant mal aux joues que pendant ces quatre mois ; devant tant d'éclats de rire j'ai d'abord été désarmé puis ravi : une classe où le rire est absent est une classe sans liberté. Un cours devient intéressant dans la mesure où chaque individu risque sa parole, ne craint pas d'être contredit, mal entendu, de choquer, de faire rire. Si nous mentons, si frayer un chemin à ce qui est enfoui en nous nous effraie, les chances de nous éveiller les uns les autres sont minces – donnons-nous le droit de balbutier, de bégayer, de dire des sottises, de faire des erreurs, de rire. Le rire de Pierre est le premier cadeau que m'a fait l'école malgré elle : le temps en classe on le supporte quand on a un ami à la récréation, on n'est plus seul pour traverser les champs bien cadastrés de l'école scolaire.

Pas facile quand on est un prof d'apprendre à rire de soi, de l'autorité qu'on est censé représenter. Pas facile d'être assez sérieux pour ne pas se prendre au sérieux, d'abandonner un discours de maîtrise qui enferme les élèves, de le mettre à la poubelle en partant à rire. Pas facile de dire : je n'en sais pas plus que vous sur vous, je ne sais pas grand-chose, mais ce que je sais qui m'aide à vivre j'espère réussir à vous le donner à sentir, je ne sais pas ce qui vous intéresse, mais j'aimerais bien que vous me le disiez, que nous soyons bien ensemble, qu'il n'y ait pas de stress, que nous apprenions à rire de nos bêtises, à sourire quand la beauté de l'un de nous apparaît.

Ses yeux marchent à tâtons parce que encore au pays du dedans. Yeux noisette. Yeux placés à la pointe de l'éveil. Yeux qui fouillent, qui labourent, qui sèment et qui traversent cette femme mêlée aux couleurs des laines.

4

Je parle, déparle, répète et personne ne m'écoute, j'agis mais personne ne me voit, mais pourtant j'existe. De ce non-personne je me réfugie dans un parc à un endroit qui est le mien et qui saura m'écouter. Et à cet endroit j'écoute le silence, j'écoute le matériel et je m'écoute.

Philippe commence à se sentir fatigué de rester assis à son pupitre dans une classe où il n'y a rien d'autre à faire qu'écouter le professeur et répondre à ses questions. De temps en temps, il ouvre l'oreille, mais le discours de Sévère Saitout est sans surprises, sans folies, il ronronne, pas vraiment de différence avec le système de climatisation. Philippe se demande à quoi peuvent bien servir tant de cours où il n'y a ni activités ni rires ; il serait plus agréable de sauter ou de s'enfouir dans un tas de feuilles. Il pense aux feuilles mortes qu'il va ratisser sur le terrain de ses parents en rentrant comme lorsqu'il était enfant quand apparaît, à la fenêtre du fond de la classe, l'échelle jaune. Il est le seul à la voir, il la voit presque chaque fois que le monde réel devient terne ; aussitôt qu'il a mis un pied sur un barreau, un autre monde commence à paraître :

deux joueuses de tennis s'entraînent, il est seul dans les gradins, elles ne semblent pas l'avoir vu ; comme il fait très chaud, la plus grande enlève ses vêtements, reprend le jeu comme si de rien n'était. Quand il arrive chez lui, la rue déserte comme toujours, il se met à danser avec le balai à feuilles. Il se couvre de feuilles, penserêve au milieu de l'odeur vivante des feuilles mortes ; il penserêve parce qu'il a de la difficulté à séparer les choses, il soutient que qui les sépare est un compartimenteur – il n'a rien contre les compartimenteurs, les trouve sympathiques même si tout paraît prévisible dans leur comportement –, que tout se touche, que chaque chose est un peu une autre chose. Si quelqu'un le surprend enterré sous les feuilles, il a préparé une réponse : je fais une expérience d'immobilité pour tenter d'apporter des éclaircissements à une question peu traitée : est-il possible, après cinq années de posture assise à l'école secondaire, de retrouver par une activité quelconque le plaisir de l'enfant à bouger. La plupart du temps il garde pour lui ses réponses, presque personne ne lui pose de questions, on évite même de lui en poser, car on sent qu'il est un peu trop intelligent. Au milieu des feuilles vivantes il pense comment ce pauvre Saitout est déjà mort, se suicide lentement – ça, il ne semble pas le savoir – à enseigner des choses aussi artificielles que les règles de la dissertation.

Laurent Igno, son voisin, un professeur de littérature à la retraite depuis quelques mois, vient s'asseoir dans la chaise de jardin à côté du tas de feuilles où il s'est enfoui. « Bonjour Laurent. Je rêve aux seins bruns d'une fille de ma classe. Pourquoi les hommes aiment-ils tant voir les seins des femmes. – Sans doute parce que nous voulons téter la vie, revenir à la douceur des premiers moments agréables de notre vie : ça devait être bon de se sentir gavé du lait de notre mère. Je me souviens d'un roman où un homme imagine que son corps est devenu un sein – on l'hospitalise comme on le fait chaque fois que quelqu'un nous paraît rêver trop. » Philippe ne répond rien, il sent que Laurent a autre chose à dire – penser pour lui est une marche lente, on a l'impression qu'il se promène dans le labyrinthe de sa mémoire pour trouver ce qui l'aidera à dire quelque chose qui le satisfasse un peu, qui ne soit pas la répétition d'une idée toute faite. Il essaie de penser par lui-même tout en sachant qu'il pense avec la langue de tous les individus qui parlent français, que son esprit est encombré d'un paquet d'idées-phrases qu'il n'a pas eu le temps d'examiner, de retourner, de ruminer. Ce dernier mot lui revient assez souvent en bouche ; il aime croire, depuis qu'il a entendu parler de l'estomac à quatre compartiments des vaches, que penser c'est ruminer, qu'il y a donc intérêt à devenir des vaches. « Mon père, pour parler des gros seins d'une femme, disait "lui as-tu vu les *canisses* à lait" ; je trouvais ça choquant sans trop savoir pourquoi, même si mon père avait été élevé à la campagne. Je ne savais comment répliquer. Ce qui explique sans doute la petite tendresse que j'ai pour ces femmes, je les imagine généreuses, capables de nourrir de leur lait plus d'enfants ; elles me rappellent cette toile que j'avais vue petit : une femme blanche, nue, bien en chair, étendue dans le ciel de la nuit, presse avec les mains ses seins d'où gicle le lait – *La Voie lactée*, c'était le titre. Voilà pourquoi la nuit je vois dans le ciel des grappes de seins qui m'aident à dormir comme un bébé qui a avalé doucement sa mère. »

Lève-toi esclave
délie tes mains
délie tes pieds

casse l'étau qui moule ton esprit
délivre-toi de ton masque de complaisance

5

Je vis dans un immense panier à ordures.
Tout y est excréments et détritus. Quand donc
dépesterons-nous nos terriers ? Quand donc
laisserons-nous entrer la liberté ?

Quatre professeurs que je n'ai pas oubliés. L'un m'a enseigné la physique, la trigonométrie, la grammaire, il expliquait ces matières comme de l'intérieur ; ce qui était complexe, il savait le déployer simplement, nous avions l'impression d'être plus intelligents. C'était un petit homme à la voix douce caché dans un habit qui paraissait trop grand. Il nous regardait et la lumière de ses yeux était toute bienveillance. Une autre enseignait la religion, quoi au juste je ne sais plus, mais ce que je n'ai pas oublié, c'est qu'elle partait souvent à rire, je crois me souvenir que cela me mettait un peu mal à l'aise, ces dents éclatantes. Aujourd'hui je pense à une jeune paysanne qui sait entretenir les champs de son seigneur et ne craint pas de prendre une pause pour contempler la beauté d'une coccinelle sur un plant de patates. Un autre aux cheveux blancs se contentait de commenter tranquillement l'œuvre de François Rabelais ; il parlait bas, souriait, nous l'écoutions, il parlait de la joie de la liberté. Un petit homme tout rond, le pétillement d'un vin rosé. Plus tard j'ai trouvé un livre de lui sur un penseur que je ne connaissais pas, j'ai commencé à le lire à cause des premières phrases : « Constantin Brunner est né le 28 août 1862 à Altona, près de Hambourg. Après qu'il eut obtenu le doctorat en philosophie, ceux qui le connaissaient étaient certains qu'il ferait une brillante carrière universitaire. Mais il préféra la solitude, une solitude peuplée d'amis avec lesquels la spontanéité, la naïveté et la tendresse étaient possibles. » La quatrième était une femme-libellule qui faisait circuler le désir dans les textes en jouant avec les mots ; elle a dit *oui* à mes premiers poèmes. Elle avait quelque chose du toréador : les vêtements ajustés, l'élégance des passes. Quelque chose aussi d'un petit suisse avec une voix à la fois douce et tendue comme un arc. Elle vous tenait par la main pour vous emmener dans quelques sentiers qu'elle avait explorés.

Quatre, ce n'est pas beaucoup et c'est énorme, cela a suffi à sauver en moi l'image de l'enseignement : dans la plupart des cours il n'arrivait rien d'autre qu'une information correcte, ce que les élèves appellent du « bourrage de crâne ». Avec ces quatre-là arrivait ce que Marie Depussé dans *Qu'est-ce qu'on garde ?* appelle « une voix au travail » : « Il est incongru, impoli et vaguement dangereux de parler. Mais c'est notre travail. Et les corps jeunes entendent à l'intonation de la première phrase si le corps qui est au bureau parle ou non. S'il ne parle pas, ils dérivent, poliment, sans espoir. C'est ce qu'on appelle l'ennui, ce malheur qu'on a tous retenu de l'école, mêlé au désir furieux que ça s'arrête, que l'heure de la récréation sonne. » Maintenant je sais que même ces quatre-là n'en ressemblaient pas moins aux autres professeurs : ils ne nous donnaient pas la parole, nous n'étions pas le centre du cours, c'était la matière qui était au centre et leur parole qui discourait tout autour.

Que quelqu'un ait une voix éveille rarement la voix de l'autre qui l'écoute. S'il ne raconte pas comment il est arrivé à sa voix, par quel travail, comment peut-il aider l'autre à trouver sa propre voix, comment peut-il sortir l'autre de son admiration ou de son ignorance. Pour aider l'autre, il doit s'effacer, utiliser ce qu'il sait pour reconnaître en l'autre les germes d'une voix, lui dire : cesse de penser qu'il n'y en a que quelques-uns qui ont une voix, toi aussi tu en as une, mets-toi au travail, construis ton atelier, fie-toi à ton intuition, travaille chaque jour à ton atelier, tu finiras bien par entendre quelques bribes de cette voix enfouie en toi. Il n'y a presque rien à enseigner, ce qu'il y a à apprendre s'enseigne rapidement, la grande puissance c'est de faire confiance, le grand cadeau, de donner confiance, de laisser travailler librement. Comme j'aurais aimé être un élève de Célestin Freinet à Bar-sur-Loup : « Cet enfant qui est devant le jeune instituteur, ce n'est pas seulement l'élève qui doit apprendre à lire ; c'est le fils du paysan et de la blanchisseuse, c'est l'enfant des champs et du ruisseau, c'est le sauvageon de la lointaine bastide, l'enfant poète et penseur qui ne se recrée que dans ses solitudes. Et parce que, sous chaque visage, l'éducateur qui s'ignore met une âme et un décor, tout naturellement il arrive à donner son véritable prix à la personnalité enfantine, à en faire l'objet de ses soins intellectuels et de son affection… » (Élise Freinet, *Naissance d'une pédagogie populaire.*) Cette confiance est l'initiatrice du travail-jeu, du travail-passion, du travail-cheminement. Qui a foi en l'unique en chacun, chacune dans une société où on entretient le culte des vedettes dans la culture populaire, celui des génies dans la culture intellectuelle. Ces cultes masquent le travail dont chacun est capable, permettent à la plupart des individus de se résigner à être sans voix, à ne pas commencer à travailler à bâtir leur atelier. Voilà pourquoi j'ai transformé ma classe en atelier. J'ai mis des années à comprendre que la première matière du cours, la matière première, ce sont les quarante élèves assis les uns à côté des autres dans une classe ; j'ai travaillé à leur faire découvrir leur parole, à tisser de petits réseaux d'échanges entre eux – de tels échanges, il n'y en a pas eus quand j'étais élève.

es-tu pasteur ou troupeau, je ne peux répon-
dre clairement
tout est pêle-mêle
mon esprit est comme un vieux morceau de
fer ; il est rouillé
tout me paraît à la fois beau et laid, bien et
mal
où est le bonheur où sont les bonnes choses
où sont les mauvaises

6

Qui a peur de qui ? La menace plane tou-
jours au-dessus de nos textes, de nos têtes. Nous
avons peur de jouir de la vie, de la comprendre,
de l'aimer. Peur cachée ou peur de moi ? Laissez-
moi libre de vivre avec cette vie qui me fait
peur, je veux la connaître. Quel est le refrain
qu'on fredonne ? Les enfants le fredonnent à
longueur de journée, ils ne savent pas ce qu'est
la peur.

Un étudiant entre dans la bibliothèque, se sent
écrasé par tous les livres ; un deuxième y entre
prêt à chercher les livres qui le feront avancer
sur son chemin. Un troisième va y prendre les
livres dont il a besoin pour faire ses travaux en
suivant les consignes des professeurs ; c'est ce
type d'étudiant que produit la plupart du temps
l'école, quelqu'un capable de faire le travail
qu'on lui demande. Qui se sent écrasé par la masse
de livres d'une bibliothèque n'est pas un étudiant, n'a pas attrapé encore le goût de l'étude.
Le deuxième étudiant est celui que je préfère :
qu'est-ce qui l'a amené à sentir qu'il pouvait
penser par lui-même, ne pas faire ses travaux mé-
caniquement en utilisant les techniques recom-
mandées. Qui est-il. Ma réponse est simple :
celui qui se parle, dialogue avec lui-même, entend
différentes voix en lui. Quand vous découvrez

ces autres voix en vous, vous commencez à pouvoir parler avec le monde entier, c'est ainsi que commence l'aventure de la connaissance et du dépassement de soi. J'ai commencé à bâtir ma bibliothèque quand, pour la première fois, un livre m'a lu, ravi, ouvert l'espace imaginaire. Tant qu'il n'y a pas cette chance – trouver le premier livre qui nous rend ivre – la bibliothèque demeure ou un lieu qu'on fuit ou un outil utile, mais elle n'est pas cette forêt enchantée où vous découvrez votre moi tissé de centaines de voix bigarrées.

Un livre-voix éveille quelque chose en nous que nous ignorions parce que nous n'avions pas de mots pour le nommer : nous commençons à nous voir autrement, nous découvrons un espace secret qui fait gondoler les descriptions habituelles du monde. Les livres-voix incarnent les maîtres que nous n'avons pas eus ; ils sont souvent difficiles parce qu'ils nous forcent à penser notre vie, à ne pas la laisser dériver au gré des circonstances, à en jouir. Si chaque élève avait un maître près de lui, il se mettrait à entendre ce qu'il n'entendait pas, à sentir ce qu'il ne sentait pas. Un maître : pas quelqu'un qui vous tape sur les doigts ou qui prétend faire le tour d'une question, d'un sujet, mais quelqu'un de présent qui vous invite à être présent. Comme les maîtres ne courent pas les rues, il faut souvent se contenter des livres où leur parole et leur silence nous attendent. Laurent Igno faisait lire des livres difficiles ; il désirait que les élèves entrevoient qu'il faut se battre pour ne pas raturer sa parole, ne pas parler comme la plupart afin de ne pas les heurter, de ne pas déranger. Il leur recommandait de faire ce qu'ils voulaient de ces livres, de les lire librement, de trouver des méthodes pour y trouver leur parole. Il leur donnait en exemple une de ses méthodes : il aimait détourner de son contexte une phrase simple

pour en faire ce qu'il appelait une phrase talis-
manique porteuse d'un enseignement pour soi.
« Hier, pour la première fois, il a parlé de lui. »
Ce n'est plus un homme âgé content que le jeune
garçon dont il s'occupe sorte de son mutisme,
d'une enfance difficile où l'amour devait être
rare, c'est tout élève qui réussit à faire un premier texte dont il est content, c'est un ou une
élève qui ne se croyait pas doué pour la création
qui entend pour la première fois son souffle à
travers les mots communs. « Ils prirent tout
d'abord le mauvais chemin et arrivèrent dans un
bois de hêtres superbes. » Ce ne sont plus deux
policiers qui ont mal compris les indications
qu'on leur a fournies, ce sont des élèves qui, pensant se conformer aux idées du prof, arrivent à
une écriture qui les surprend, les ravit.

*C'est un mur quelconque mais différent des
autres. Immense, il m'entoure à l'infini et de
toutes parts, il chante, il me chante. Il est fait
d'enfants, d'amoureux, de colères, de cris, d'ac-
cidents, de bruits, de coups de pied, de hockey,
de cicatrices, de balles, de joies, de jeux, de tennis, de guerres, de passants, de saletés. Il est
grand ce mur mais il n'est pas encore achevé, il
le sera lorsqu'il s'écroulera.*

    7
    *Chaque fois que je vais dans ce bois les ar-
bres me regardent. Ils m'ouvrent le chemin pour
me conduire où ils veulent et se referment aussitôt derrière moi.*

Les choses essentielles, on ne les apprend que de
bouche à oreille, une bouche dont on sent le
souffle tout près de son oreille. Un instituteur
dans la cinquantaine, il est à un an de sa retraite, enseigne à une douzaine d'élèves entre
quatre et onze ans à Saint-Étienne-sur-Usson,

un petit village d'Auvergne. Le cinéaste Nicolas Philibert filme l'enseignant Georges Lopez et les enfants pendant toute une année scolaire : le film *Être et avoir* finit avec les salutations et les bisous de la dernière journée de classe. Je me mets à rêver pour chaque enfant, chaque adolescent un tel maître : proche, attentif, qui sait encourager, invite à parler des choses difficiles, sait accompagner, respecter. Les premières images m'ont ravi : un troupeau de belles vaches qu'on ramène à l'étable alors que la neige tombe abondante, elles envahissent l'écran, sont tout près de la caméra – regarder une vache a quelque chose d'apaisant pour moi, je me sens une vache à cause de tout ce que je rumine lentement avant de le laisser sortir dans une écriture chercheuse de clarté et d'ombre. L'école est-elle une étable où les enfants ont chaud, sont bien nourris ou une prison où ils doivent bien se tenir, écouter, dire « oui monsieur », « merci monsieur ». Les enfants ont déjà leur chemin à eux et le maître essaie de leur faire prendre celui de l'école : il y a des examens, des diplômes, comment lui en vouloir.

La seule école que j'aime est l'élémentaire si les maîtres ressemblent à Georges Lopez, celle où nous apprenons à écrire, compter, lire, dessiner, chanter, jouer ensemble, exprimer nos questions, nos peines, nos joies, nous entraider, régler nos querelles. À partir du secondaire ça se gâte et plus ça va, pire c'est : les élèves sont passifs, les classes sont de grandes cages avec un paquet de perroquets – le plus gros est le professeur : la plupart du temps il n'en est pas conscient. Il faut dire-penser comme les professeurs qu'on n'a pas choisis, qui, à cause du nombre d'élèves, ne peuvent être près de chacun, chacune comme Georges Lopez dans sa petite école de campagne. Que fait-on des adolescents qui ont des soucis – famille, amitié, argent, sexualité, peur –, des envies – bouger, rêver, être seuls, ne pas être traités comme des numéros, parler de ce qui les intéresse, créer, rire, faire des choses, être écoutés, pleurer, mourir. Les matières académiques raturent la plupart du temps la vie quotidienne, le goût de vivre, les vraies choses, les pensées qui nous hantent. La plupart des examens sont insignifiants et la tricherie n'a pas fini d'augmenter – si l'examen n'est qu'un exercice de mémorisation inutile, n'est-il pas intelligent de tricher. L'école enseigne à respecter ce qu'on méprise grâce à la menace des notes. À quand une école sans notes où chacun apprend à découvrir ce qui l'anime, à trouver sa place dans le monde, à partager et à travailler avec les autres. À quand une école où on va parce qu'on en a envie, besoin, peu importe notre âge. On s'inquiète beaucoup du nombre de décrocheurs, comment se fait-il qu'on ne s'inquiète pas d'une école où la plupart des professeurs se sentent forcés d'occuper les élèves à des tâches qui ne les intéressent pas. L'école est un chemin droit qu'on nous force à prendre alors que nous sommes des sentiers sinueux. On peut imaginer que quelques-uns aient intérêt ou plaisir à quitter leur chemin tortueux pour marcher sur un chemin bien défini. Imaginer aussi que d'autres voient ce chemin comme une imposture : vous avez des jambes mais ne vous en servez pas, oubliez-les, marchez avec les béquilles que nous vous fournissons. Merveilleux moments du film : le maître veut qu'un enfant utilise les deux mots « ami » et « amie » qu'il a écrits sur des cartons, l'enfant chaque fois dit les mots qui sont les siens, refuse tranquillement ceux du maître, l'enfant préfère « copain » et « copine » ; le maître ne cesse de poser des questions sur la suite des nombres à Jojo, l'enfant le plus présent du film, celui dont les réponses font souvent rire, mais Jojo n'est pas intéressé par les questions du maître – ce ne sont pas les siennes, bien sûr –, il est plus intéressé par ce qui se passe derrière le maître, la petite fille qui pleure. Mais Jojo répond quand même au maître parce qu'il l'aime, comme il va se laver les mains quand le maître le lui demande ; il est tout content de lui montrer ses mains propres. Moi j'aurais aimé qu'il garde ses mains tachées, colorées, nous sommes de belles taches avec lesquelles l'école fait des lignes droites ; je ne serais pas contre la suppression des écoles : chacun irait demander à qui il veut ce qu'il désire connaître, les leçons seraient pratiques et essentielles, on ne les oublierait pas, la vie serait notre examen. Je rêve d'une école de copains – un copain, c'est du bon pain – et d'amies – une amie, c'est la mie du pain, le milieu tendre. Les choses essentielles, on ne les apprend que de bouche à oreille, une bouche dont on sent le souffle tout près de son oreille.

IF j'étudie, THEN je passe, ELSE je coule. Le système prévoit-il des heures de loisir ? Non, car c'est un système ! Les condensateurs, résistances, transistors et diodes n'ont pas besoin de loisir, mais eux, on a la décence de les débrancher lorsqu'ils surchauffent ou sont en surcharge. Personne ne songe à débrancher un être humain qui a trop de travail : il n'a pas coûté des millions, lui !

8
Tu parlais d'elle à lui. Lui parlait de lui-même à l'autre. Celle-là parlait de l'autre à lui. L'autre parlait bas à elle. L'un venait lui couper la parole. L'anonymat de votre cacophonie régnait. Tout à coup, vous vous êtes tous reconnus. Vous étiez beaux à voir avec vos sourires émerveillés et surpris. Vos yeux tout gais qui se souriaient. Ces mains et ces bouches qui se souvenaient maintenant.

Un peu courbé, un homme jeune entre. Il regarde l'éclairage des néons, s'assoit au bureau du prof, nous regarde longtemps jusqu'à ce que le silence se fasse. Aucun signe d'impatience, il esquisse un sourire, descend de l'estrade, un paquet de plans de cours entre les mains. Il en remet un à chaque élève en marchant lentement entre les rangées. Comme sa bouche s'ouvre pour parler, je fais partir un minuscule magnétophone caché sous un cahier : je n'ai pas envie de me fatiguer la main à prendre des notes. Le premier cours est important : seulement à entendre la voix des profs, je sais comment il faudra que j'ajuste la mienne pour leur faire plaisir – pour avoir les meilleures notes, je parle comme eux, ça les flatte, ils ne se rendent pas compte que je ne fais que reproduire leur rythme. Un bon élève c'est ça, quelqu'un qui apprend à sentir ce que le prof veut ; ceux qui n'y arrivent pas décrochent ou se contentent de notes faibles. Il commence à parler ; ce qu'il dit, je ne l'ai encore jamais entendu, pourtant ça fait pas mal d'années que je m'use le fond de culotte à voir des profs se démener pour mettre un peu d'action dans leur classe, ça ne réussit presque jamais, les élèves sentent vite que cette action est bidon. Lui a parlé bas, il fallait presque tendre l'oreille.

Voici ce qu'il a dit, sans que personne l'interrompe. « Ce plan de cours, vous pouvez le déchirer, en faire un hélicoptère ou une souris, il est sans vie. Je l'ai su ce matin après avoir passé une nuit agitée, ça fait deux ou trois sessions que je sais que ça cloche, mais je n'ai encore rien fait, je n'ai pas osé le mettre à la poubelle, écrire un plan selon ce que je pense vraiment. Ce plan que je donne depuis quelques années est une niaiserie pleine de faussetés. Si vous le lisez avant de le faire voler par la fenêtre, vous verrez qu'il est semblable à la plupart des autres qu'on vous remet. *Qui êtes-vous*, voilà la première chose à dire aux individus d'un groupe que vous rencontrez pour la première fois, auquel vous avez à enseigner quelque chose. Vous pouvez écrire au tableau ces trois mots et ne rien dire. Vous vous demandez comment la question est saisie par chacun : qui êtes-vous en tant que groupe ou qui êtes-vous chacun d'entre vous ou quels sont les rapports que vous entretenez entre vous ; vous imaginez aussi qu'il y a au moins un élève qui entend la question autrement. Vous vous contentez de regarder les élèves devant vous. Ils attendent que vous disiez quelque chose. Vous ne savez pas ce qu'ils attendent vraiment. Ils se contentent d'attendre un cours, une matière à assimiler – la plupart du temps elle n'est que mémorisée : on fait semblant de savoir en répétant des signes attendus qu'on efface de sa mémoire une fois les épreuves réussies. Le professeur aussi est un répétiteur : il a des connaissances, est informé, va vous transmettre l'information qu'il a. Il explique les informations, vite il vous ennuie, il le sent mais il ne sait pas quoi faire d'autre. Quelques-uns s'en tirent parce qu'ils jouissent de leur pouvoir, de leur tribune, ils aiment parler-séduire, être écoutés-admirés. Je n'ai envie ni de vous séduire, ni de vous convaincre, ni de vous menacer subtilement ou non. Vous avez donc écrit cette question au tableau sans rien dire, vous attendez, vous avez du plaisir à regarder ces visages inconnus devant vous. Vous essayez de regarder un détail de chaque visage : une oreille, une mèche de cheveux, un nez, des cils, une bouche, une cicatrice, un menton. Vous essayez de ne pas regarder les yeux, il y a du danger à regarder trop tôt les yeux. Les yeux ça attire les filles, ça provoque les gars. Vous regardez ces visages, ne vous attardez à aucun : vous êtes là pour tous, vous n'êtes pas là pour les quelques-uns qui vont vous attirer. Ne pas voir les yeux, c'est découvrir qu'un visage est un paysage au lieu d'une âme, vous n'avez rien contre l'âme, au contraire, mais vous n'êtes pas pressé d'y arriver, vous vous promenez d'abord dans le paysage – c'est quand vous vous serez assis sur le nez, les joues, le front, quand vous aurez grimpé la pomme d'Adam, le cou, fait la banane en vous accolant à l'arcade sourcilière, quand vous vous serez perdu dans la forêt ou la clairière des cheveux ou quand vous aurez été exposé sur un crâne chauve que vous pourrez plonger dans les yeux sans être noyé. Vous n'avez pas peur de regarder ces visages, de vous tenir sans parler au milieu de ces corps, de les laisser vous traverser. Vous n'avez plus envie de vous cacher derrière la matière, d'inviter à s'y concentrer pour ne pas avoir à sentir tous les esprits animaux qui circulent dans la classe. Il y en a qui vous sourient, essaient d'attraper vos yeux qui battent en retraite, évitent d'être illuminés trop tôt, d'autres cherchent déjà l'horloge parce qu'ils vous trouvent bizarre, mais à la place de l'horloge il n'y a qu'un trou avec des fils. Vous êtes content de ce trou, c'est peut-être lui qui vous a donné le courage de dire que le plan de cours était un tas de crottes dures. Quelques-uns sont impatients de vous entendre, d'autres commencent à trouver amusant votre silence, il y en a même un qui rêve que vous ne direz jamais un mot, qu'il va réussir chaque travail en vous remettant une page blanche. »

Il a paru hésiter, chercher ses mots, puis il a ajouté : « Je ne vous demande pas de me dire ce que vous pensez de ce que je viens de dire. Je vous apporterai au prochain cours un vrai plan de cours, autre chose que de la crotte durcie, celui que j'ai envie d'écrire depuis deux ou trois sessions ; ce plan sera sans doute une lettre pour vous ; si je fais ça aujourd'hui, c'est que, tantôt en m'assoyant au bureau sur l'estrade, je me suis senti horriblement seul. Je ne pense pas me rasseoir au bureau du prof. »

6 h 55 du matin. Cela fait deux heures que je suis levé. Je pousse mon crayon pour oublier ma peine. La danse de la mine divertit mes yeux rougis. Par où commencer ? Je ne sais pas. Cela n'a pas d'importance, ma tête dort toujours.

9
J'aurais le goût de coller des gros radars aux oreilles des profs pour qu'ils puissent capter mes signaux de détresse, mais chaque fois que j'essaie ils quittent la place comme si je n'existais pas.

Après avoir acheté le catalogue de l'exposition Jean Dubuffet qui s'est tenue au Centre Pompidou à l'automne 2001, où sont reproduites quatre huiles sur toile représentant une vache – *La Belle encornée*, *Vache la belle fessue*, *Vache au pré noir*, *Vache la belle muflée* –, je n'ai pas été surpris de voir dans une des photographies de l'exposition de Sam Taylor-Wood au Musée d'art contemporain une *Poor Cow* au milieu d'un champ. J'ai regardé tranquillement la vache ; elle s'est approchée et m'a donné une photo de l'artiste au milieu de son atelier en me demandant ce que je pensais du titre *Rich Photographer* – je me suis contenté de sourire. Dans un texte de Dubuffet autour de ses vaches rêveuses, innocentes, lumineuses : « Qui prétend que la fonction du peintre est de donner à voir ce que lui-même il voit se trompe. Le peintre ne voit pas : du moins pas clairement. Il cherche à voir, comme tout un. Il attend de ses peintures qu'elles l'y aident, qu'elles lui montrent des choses un aspect inconnu qui lui permette de capter de celles-ci quelque éclair de leur vraie figure. » J'ai eu la chance d'enseigner une matière, la littérature, qui se prête à une telle méthode : ne pas donner de cours théoriques où j'étale un savoir à assimiler, mais improviser avec les élèves à partir des livres à lire librement, de leurs créations, de questions autour de la pratique de l'écriture et de la lecture – je leur disais : toute écriture me lit, toute lecture m'écrit, reprenant Armand Gatti au commencement de *La parole errante*, ce livre de 1750 pages sur sa pratique :

> Les mots me lisent.
> Ceux que je suis en train d'écrire.
> Ceux d'un peu partout (surtout dans les livres) que j'ai pu connaître.
> Quant aux mots de mes maîtres
> > Michaux
> > Tchouang-tseu
> > Gramsci
> > et Rabbi Aboulafia
> ils me chantent.

Nous réinventions le savoir à partir d'un échange entre nous, les cours n'étaient faits que de paroles singulières : élaborer un savoir commun à partir des expériences de chacun, chacune est autrement plus dynamique qu'écouter un prof se fatiguer à expliquer clairement ce que d'autres ont trouvé. Le savoir que nous travaillons à élaborer, nous ne l'oublions pas, il nous entre dans la peau ; le savoir qui nous a été donné tout mâché, nous l'oublions sitôt les examens passés. Voilà pourquoi les cours théoriques sont une plaie à l'école, même si le prof est vivant, donne un bon spectacle – rien ne vaut l'expérience, les tâtonnements, la découverte par soi-même de la matière. La classe devrait toujours être un atelier, exceptionnellement une salle de conférences. Les élèves ne sont pas des têtes à gaver mais des têtes chercheuses qui doivent trouver par elles-mêmes leurs chemins à travers la matière du monde ; je n'évaluais pas les élèves

selon des normes établies d'avance, je leur per-
mettais de faire des cheminements dont ils ren-
daient compte par leurs travaux – j'ai eu la
chance d'enseigner dans un département qui ne
réduisait pas la création à une part infime : la
moitié de la note finale dans mes cours était
réservée à des textes libres.

Je me réfugie dans une cavité du couloir.
D'autres personnes me suivent. Notre sauveur
est en avant. Très vite on s'aperçoit que ce n'est
qu'une plaisanterie quand il enlève son masque.
Avec effroi, on s'aperçoit que la prison se re-
ferme sur nous.
Jeune, besoin d'espace, confiné à rester assis.
Le supplice commence. Cinq heures assis. Le
bourreau qui nous parle pour nous hypnotiser.
Nous sommes à sa merci, à la merci de la so-
ciété.

10
Les arbres sont tellement plus grands la
nuit. Ils me surveillent et parlent de moi dans
leur langage paisible que le vent répartit.

Si j'ai été un meilleur enseignant pour plusieurs,
et non pour quelques-uns qui me ressemblaient,
c'est que j'ai peu parlé, beaucoup écouté. Je
crois en être capable parce que j'aime regarder
des toiles en silence. La peinture m'a appris
cela : sentir le monde sans l'aide des mots, juste
en me laissant traverser par des formes colorées.
Je regarde *La Belle encornée* sans chercher à
comprendre quoi que ce soit, je laisse les cornes,
les yeux tranquilles et ouverts, les oreilles presque aussi grandes que les cornes, le pis gonflé,
la peau de plancher taché de gouttes de peinture, la nuit qui l'entoure circuler dans mes cel-
lules – je me sens plus vivant qu'à écouter un
cours magistral : les formes, les couleurs ne frag-

mentent pas mon intelligence comme les concepts, ne l'émiettent pas, je sens mon unité, ma lumière mariée à mon obscurité, ma puissance et ma naïveté. Je suis cette grosse vache, ça me rend tout léger, vous pouvez caresser mes cornes, tirer sur mon pis pour goûter à mon lait, me chanter à l'oreille la petite chanson secrète que vous chantez quand vous êtes seul. Qui a une activité qu'il mène silencieusement a bien des chances de voir apparaître, grâce au silence, d'autres mondes que le monde visible – le pêcheur immobile au milieu d'une rivière, celui ou celle qui s'assoit tranquille pour méditer. Le prof qui rentre dans une classe et ne voit que des rangées d'élèves ne voit pas grand-chose. Qui voit dans une classe des chiens japper, courir, des vaches ruminer, meugler, des chevaux hennir, piaffer, commence à sentir que la classe est une prison pour plusieurs ; nous avons hâte de nous en échapper – le malheur, c'est que, même sortis de classe, la classe nous poursuit : l'élève a des leçons, des travaux, le prof des préparations, des corrections. Parfois un élève ou un enseignant a envie de rugir, d'abattre les murs de l'école où il s'ennuie ; heureusement qu'il y a des enseignants qui refusent de jouer le rôle qu'on leur assigne dans la répression des adolescents. Ceux-là ne se contentent pas de leur apprendre les codes de la société dans laquelle ils vivent, ils tentent d'en faire sentir les origines, les raisons, d'éveiller à des réseaux de signes qui échappent en partie aux normes sociales, qui inventent un autre monde où nous sommes alertes et en paix, où nous ne craignons pas de rire, de pleurer, de chanter, de parler librement.

De temps en temps galopent vers moi les chevaux rouge délavé de Susan Rothenberg qui me rappellent mes premiers poèmes : des chevaux debout, tendus comme des ponts vibrants, parfois comme son *Mukuhara*, un cheval au galop qui fuit quoi. Naître, devenir un cheval, trouver le sang de ma naissance. Philippe, celui qui aime les chevaux. Tant de forces obscures en nous que l'école écrase, rase. La vie ruisselle. Je tremble en dedans. La forêt immense, la grande ville. En moi ce cheval noir qui rit dans *Un roi sans divertissement* de Jean Giono : « Le cheval avait encore d'autres manières, toutes plus gentilles les unes que les autres, toutes dirigées avec une grande intelligence vers ce besoin d'aimer que tout le monde a. »

Francesco traversa la rue et se mit à marcher sur l'autre trottoir, le long du parc ; ses mains rouges et tordues, dans les poches. Il sentit le poids des trois doigts morts de sa main gauche, qui ne bougeaient plus depuis l'accident au chantier. (Il ne se rappelait plus bien quand c'était arrivé ; des années étaient passées.) Trois petits cadavres qu'il traînait toujours avec lui, dans ses poches.

11

Qu'est-ce qui empêche ce cri de se libérer et jaillir dans cet immense cube empli d'une masse manipulée, normalisée ?

J'aimerais cracher ce cri assez fort pour que les murs tombent.

Les murs de la sécurité. Les murs enfermant la répétition, la compétition, la propriété, le moule ; le cube bien aligné, sans aucun relief...

L'élève et le maître vont ensemble, ils se reconnaissent. L'élève contient déjà le maître. Lui n'oublie pas l'élève qu'il a été : il sait qu'il sera jusqu'à la fin un élève. L'élève qui vient vers le maître ne le force-t-il pas à se lever, à quitter sa tranquillité pour aller s'asseoir ailleurs, y apprendre quelque chose de neuf. Le maître se baigne dans le fleuve Amour. Il invite l'élève à faire un pas sur terre ; il s'assoit à la même table que lui, marche avec lui ou elle. Le maître n'a que sa franchise qui le perd aux yeux de quelques-uns, en affranchit d'autres. Il invite à la singularité et à la solidarité, sourit de sa fatigue, est bienveillant. Le maître danse au milieu de la langue, n'a pas peur de la vie, de la parole-qui-touche. Défait par la bêtise ou ravi par une complicité, il pleure parfois en secret. Le maître est la main d'une femme qui aide le pénis de son amant à pénétrer en elle. Il pense souvent à sa mort pour ne pas passer à côté de la vie. Il cherche dans le travail de l'élève ce qui fait sa force, l'invite à la déployer – il fait attention de ne pas raturer ses mots, de ne pas les lui enlever. Il aime provoquer, retourner ce que l'autre avance. Il a peu à dire, se méfie de qui veut avoir raison. Il écoute, parfois sa parole désarçonne. Le maître est usé et ses gestes sont neufs. L'ici est le loin, le voyage. Il avance sur un chemin qu'il ne connaît pas, joue au ballon avec les enfants. Il n'a pas d'autre mission que de donner la main, de saluer, d'embrasser – embrasser, c'est parfois secouer, déranger, ébranler. Il aime les voix : chaque fois qu'il en découvre une, le monde lui paraît plus beau. C'est un vagabond qui arpente sa maison – il vous fait marcher dans votre rêve parce qu'il marche dans le sien. Il vous regarde dans les yeux avec plaisir, d'un coup d'œil il vous fait exister, il sait la joie d'être deux, de s'oublier. Il lit beaucoup : sa bibliothèque est une forêt d'espèces variées. Il écrit des haïkus, aime les lézards-papillons, ne donne pas d'explications. Il n'a pas de trucs : il improvise pour libérer la pensée de l'élève. Il est discret, ne se tient pas au centre mais un peu à l'écart. Il ne maîtrise rien : il a échappé à la maîtrise, a trouvé les sentiers de la création, les chemins de l'ouvert. Il ne tient pas à être appelé maître, aime l'élève qui l'appelle par son prénom – il préfère la nudité aux titres.

Il y a du danger à mettre un maître au-dessus de soi, un jour on risque de vouloir le piétiner. Qui aide à grandir, à trouver son chemin, mieux vaut l'appeler compagnon ou amie. Un maître, quand on l'a assez écouté, on le met au fond de sa poche et les mauvais jours on le sort pour le tenir au creux de la main. Dans la lumière de l'aube, il n'y a ni maître ni élève, seulement des hommes, des femmes avec une main obscure et l'autre claire.

À l'école, il est mal noté parce qu'il baye aux corneilles, qu'il se présente de manière négligée et ne fait pas d'efforts, l'esprit toujours ailleurs. Il ne se rend pas compte qu'il exaspère sa famille à force d'arriver en retard pour le dîner et de se coucher à moitié habillé pour gagner du temps le lendemain matin. Au fur et à mesure qu'il grandit, il n'a jamais assez de temps libre pour réaliser tous ses projets.

12

Mais je ne savais pas trop quoi en penser et d'ailleurs je n'aimais pas penser car lorsque je réussissais à me faire une pensée sur un fait, mon père me corrigeait tout de suite en me disant que mon idée n'était pas réaliste et que la sienne correspondait mieux à la réalité quotidienne.

Je tiens farouchement à ma nudité : c'est une raison pour me tenir à l'écart des groupes, des foules. Je suis incapable de parler comme tout le monde, ça ne passe pas, ça me serre la gorge. Il n'y a que l'eau du poème qui m'altère, me désaltère, me donne du poids – autrement j'ai envie de m'envoler, de m'enfuir. Dans les premières pages des *Temps difficiles* de Charles Dickens, un des romans préférés de Jacques Ferron, on sent comment l'école, au nom des faits, des savoirs, tue l'imagination, fatigue les enfants ; Dickens appelle ça « le massacre des innocents » : « Les deux enfants, surtout la fille, avaient un air maussade, excédé ; néanmoins sur son visage à elle, perçant sous son expression mécontente et l'illuminant, il y avait une lumière qui ne savait où se poser, un feu qui n'avait rien à brûler, une imagination affamée, mais qui tant bien que mal se maintenait en vie. » Dans le grand album *Désordre au paradis* de Gabrielle Vincent, écoutez le petit Séraphino : « Je ne veux pas rester assis à ne rien faire. Je ne veux pas faire toujours comme les autres. Je ne veux pas suivre toujours la file. Je ne veux pas regarder la télé. » L'école du poème, de la création, je n'ai que ça à dire. Rien d'autre. Je me doute que vous ne compreniez pas si vous n'avez pas écrit un poème qui vous ait fait tomber de votre chaise, crier de plaisir au milieu du ventre, que vous avez été tout surpris de voir sortir de vos mains. L'école vous apprend à dire « j'ai une orange », alors que le poème dit « je suis une orange » ; sentez-vous la différence entre une information et une transformation, commencez-vous à entrevoir pourquoi j'aime tant l'école du poème.

Pourquoi est-ce que je pense au film *Le fils* de Jean-Pierre et Luc Dardenne, un film austère, oppressant, non reposant, non divertissant. Comment peut-on se contenter de divertissements si on ne veut pas passer à côté de sa vie ; il faut apprendre à parler, à montrer ce qui fait mal pour marcher au centre de son chemin – j'ai appris ça en analyse, dans la vie de couple, en écoutant les élèves. Un menuisier enseigne son métier à cinq jeunes ; chacun apprend à se servir des outils, à fabriquer un coffre pour les ranger, à prendre des pièces de bois lourdes, à se déplacer avec elles, à reconnaître les différentes essences de bois, à faire un objet en suivant un plan. Il n'y a pas beaucoup de paroles échangées dans l'atelier ; le maître passe, vérifie si le travail avance bien. C'est une bonne école celle où on apprend à faire un travail utile et bien fait. Mais à l'un des cinq le menuisier enseigne plus que son métier, il lui enseigne par ses gestes qu'un homme peut vaincre le ressentiment, ne pas se venger. Pour moi, un poème est utile s'il est un travail sur soi, sur le monde, sur moi dans le monde, le monde en moi. Le poème comme menuiserie sans plan de l'âme. À l'école que j'aime le maître ne parle pas beaucoup, il se contente d'aller vers chaque élève pour regarder son travail, l'écouter, lui parler s'il pense que ça peut lui être utile. Le bon menuisier est le bois qu'il travaille. Une école qui développe l'habileté du geste et l'esprit du poème, voilà à quoi il faut travailler si nous ne méprisons pas les jeunes. Un poème, ce n'est pas un paquet d'épithètes éthérées, de métaphores usées où quelqu'un s'apitoie sur lui-même, c'est un petit outil pour vivre autrement, ne pas laisser la misère du monde nous envahir.

> *Si la mer savait nager, elle n'aurait pas besoin de lifeguard.*
> *Si on arrêtait de jeter des rivières dans la mer, elle serait peut-être moins polluée.*
> *Si la mer poussait une blague, elle serait salée en maudit.*
> *Si la mer pouvait parler, tout le monde s'arrêterait pour l'écouter.*
> *Si on voulait faire une surprise-partie à la mer, je me demande bien où on ferait cela.*
> *Si la mer était vicieuse, je me baignerais peut-être tout nu.*

13

Dans un coin, isolés du monde, les bouffeurs d'espoir, les bâtons ensanglantés à la main, at-

tendent que quelqu'un ose faire un geste ou prononcer un mot défendu pour l'humilier, le battre et en finir avec sa joie subversive.

Je pense à toi, Patrick Straram le Bison ravi, tu as été mon premier maître. *Irish coffees au No Name Bar & vin rouge Valley of the Moon*, le premier livre de toi que j'ai lu, est un appel à une révolution sociale qui n'est pas une volonté de justice désincarnée mais une tendresse pour les besoins, les désirs de chaque individu masqués dans notre société par un ordre où règnent le confort et l'indifférence, un ordre qui refoule douleurs et joies. Tu ressembles à Buster Keaton déguisé en Amérindien, pourtant tu es né à Paris. Tu fuis la France, arrives au Canada : d'abord en Colombie-Britannique où tu travailles dans une exploitation forestière – de là les supplices à la scie dans *La faim de l'énigme*, ce roman fantastique tissé avec ce qui fait ta vie : l'instinct du jeu, la puissance érotique de la femme, de la mer, du soleil, de la musique, le sang-froid du sage, la rythmanalyse, l'amitié, la solidarité –, puis à Montréal où tu fondes un cinéma de répertoire, collabores à des revues engagées, tiens des chroniques de cinéma, animes à la radio une chaleureuse émission de jazz avec des commentaires qui sont une espèce de journal lyrique de ta vie, de l'actualité du monde. C'est toi qui me fais entendre Colette Magny, Catherine Ribeiro, Janis Joplin, chantes *La vie en rose* avec Édith Piaf un après-midi que tu as beaucoup bu. L'alcool, l'ivresse, peut-être une façon de devenir imperméable à la catastrophe générale. Vin rouge, bière, cigare, pain, *Libération*, *Cahiers du cinéma*, voilà ce que tu avales. Tu es un homme qui écoute, se cultive, retourne sa terre, le monde pour voir de quoi ils sont faits – je n'ai pas oublié le haïku de Kyoshi Takahama que tu cites au début de ton roman :

C'est en plongeant la main
Dans l'eau, parmi les herbes aquatiques
Que je saisis l'esprit de l'étang.

Tu as toujours faim, toujours soif de musiques, de films, de livres, de femmes, d'amis. Tu dis oui aux créateurs, aux créatrices, non aux répétiteurs satisfaits – créer c'est toujours s'exposer à travers une matière, risquer les questions les plus intimes comme les plus anciennes pour essayer d'y voir clair, de trouver comment jouir de la vie malgré tout.

Tu n'es pas un héros comme Leiris dans *La faim de l'énigme*, tu es juste un homme fatigué à l'intelligence lucide, condamné à vivre dans une société hostile aux créateurs, aux femmes, aux marginaux, aux enfants, une société qui te paraît de plus en plus étrangère, inquiétante, près de la catastrophe en multipliant la technologie, la bureaucratie. Pour moi tu es un héros en tant qu'homme bouleversé par la beauté d'une œuvre, une qualité d'émotion qui filtre à travers ses éléments et nous fait sentir que nos vies peuvent être moins étroites, un don Quichotte dont on rit, qu'on traite en mendiant, de zéro – des livres à faible tirage qui tentent de lutter contre les piles de best-sellers fournissant toujours les mêmes excitants, les mêmes somnifères, des textes publiés par des revues marginales, des textes parfois refusés à cause de leurs développements autobiographiques, il n'y a pas là de quoi pavoiser dans un monde où tout s'évalue à votre visibilité, votre pouvoir. Tu ressembles à la voix de Malcolm Lowry dans *Sous le volcan*, si sensible au frémissement du paysage mexicain, de l'amour entre une femme et un homme, au vertige de l'ivresse, de la pensée ; quand je le lis, j'entends ta voix, lui aussi pratique la « rythmanalyse », lui aussi sait que le monde est un ensemble de courants d'énergie qu'aucune pensée ne peut fixer.

Je vois encore avec quelle application tu écris tes textes, je ne parle pas ici de la précision de ton discours, de la netteté de ta phrase souvent longue qui charrie avec elle de nombreuses images, références, je parle du geste de tracer des lettres sur une feuille avec un crayon à bille bleu ; chaque fois que je te voyais écrire, je pensais à l'application d'un enfant de maternelle qui trace avec ravissement ses premières lettres. À quatorze ans tu fuis la maison et l'école, tu deviens plus ou moins délinquant, fréquentes les bars où on joue du jazz et du couteau. Tu es un autodidacte que les discours critiques de philosophes séduisent : ils t'ont appris la dialectique, le jeu des concepts ; même si tu n'es pas allé à l'université, c'est avec des œuvres solides que tu élabores ton rapport au monde : Mozart, Nietzsche, Keaton, Brecht, Soulages, Coltrane... D'avoir échappé à la machine universitaire souvent broyeuse d'âmes, tu as gardé un contact plein d'émotion avec les œuvres ; chaque œuvre qui te traverse est une noce, l'intensité de la vie retrouvée. Je ne connais pas de critique ici qui aime autant que toi ; quand on te reproche la pauvreté de ta description formelle des œuvres ou ton enthousiasme, on ne voit pas que l'essentiel d'une œuvre pour toi est le courant de vie-passion qui la traverse. Tu dis : l'art oui mais bien plus que l'art ; si l'art ne met pas en jeu l'expérience d'être un homme, une femme, la passion de vivre, il ne sert qu'à reconduire la passivité générale. Tu as la manie des inventaires – tes quatre écrivains ou musiciens préférés, les dix meilleurs films, etc. –, toujours nommer ceux, celles qui t'apprennent à penser-vivre ton rapport au monde. Tu as des fétiches : un chiffre – le 4 –, un animal – le bison –, un titre – *Blues clair* – emprunté à Django Reinhardt, j'ai entendu à quelques reprises cette courte pièce, son froufrou de vie beau comme un verre de limonade fraîche un jour de canicule. Ton petit sourire orange continue de m'aider à vivre.

Je marche du pied. Pour point me piler la tête. Sans me faire piailler par ma mère. Pied malade de sa journée. Je me repose le pied en éventail sur l'oreiller. Des idées me sortent du pied. J'ai envie de faire du yoga. Mon pied est rouge. Je crois que je devrais l'arroser. Des orteils aux tomates juteuses. Papa me reconnaît plus. Il dit que je travaille trop du pied et pas assez de la tête. J'ai la fièvre qui danse.

14

Un pantin qui bouge, qui parle, qui gigote, barbouille le mur, nous donne des feuilles, merci, i parle, i parle fort, tentative pour attirer notre attention, on dort, on fait autre chose comme s'il n'existait pas, comme s'il n'était pas là, simulation je joue quelqu'un rit, mais rit de quoi c'est même pas drôle, on se rendort, lui se remet à gesticuler comme un clown devant nous. Tout à coup une phrase magique réveille tout le monde : « Examen la semaine prochaine. »

Patrick, un soir tu as avalé un tube de somnifères, tu en avais assez du monde tel qu'il est : le médecin de garde à sa grande surprise a réussi à te sauver. Tu meurs huit ans plus tard à cinquante-quatre ans dans une ambulance qui te conduit à l'hôpital – tu vivais dans un HLM, tu as eu le temps de fumer un cigare avant l'arrivée de l'ambulance. Dans ta tombe j'ai vu un jeune Amérindien au sourire énigmatique à qui une barbe poussait ; l'embaumeur a préservé ta douceur, ton ironie. Toi qui n'as pas fréquenté l'école longtemps, tu disais l'importance du savoir pour lutter contre l'ignorance, la nécessité de pouvoir vivre notre vie selon nos besoins, nos désirs. Lutter contre l'ignorance qui sépare, juge, exclut, condamne, entretient la peur, la servitude ; travailler à vivre notre vie selon nos lignes de force. Oui, le premier maître que j'ai eu, c'est toi. Tu m'as invité chez toi parce que j'avais fait un compte rendu qui t'avait touché d'*Irish coffees*. Tu m'as parlé tranquillement sans chercher à me convaincre de quoi que ce soit, tu m'as parlé comme personne ne m'avait parlé, tu m'as donné des musiques à écouter, tu m'as emmené voir des films, tu me disais simplement comment tu voyais le monde. Avant toi, il y avait eu un autre homme, un poète que j'admirais, qui m'avait reçu chez lui quatre ou cinq fois pour répondre à mes questions, mais quand je pense à lui et à toi maintenant, je vois la différence : lui ne me parlait pas, il s'écoutait parler, sa voix s'élevait assez souvent comme s'il avait été devant un auditoire, il cherchait à m'impressionner, c'était un homme de pouvoir ; toi, tu me parlais, me regardais, restais là dans le soleil de l'après-midi avec moi, tu étais présent – un jour tu m'as offert un cadeau : une musique que tu aimais. Tu m'as appris l'amitié. Voilà ce que je suis devenu : quelqu'un qui travaille à fonder un monde d'amitiés au lieu de s'agiter dans un monde de relations de pouvoir où la plupart étouffent, quelqu'un qui invite à risquer sa peau, à trouver sa voix plutôt qu'à accumuler un savoir vain.

Je dis que tu as été mon premier maître et je te vois sourire. Tu dis : « Être ton maître ne m'intéresse pas, j'essaie seulement de jouer ma musique, d'être musique. Entre toi et moi je ne veux pas la séparation du maître qui sait et de l'élève qui ne sait pas ; entre toi et moi je ne désire pas autre chose que la parole libre, parole d'amitié qui nous enseigne – j'apprends autant de toi que toi de moi. » Tes paroles me rappellent un rêve fait il y a quelques jours. « Je donne un cours dans un amphithéâtre ; au lieu d'être assis au bureau du professeur, au centre, en face des élèves, je suis assis à l'extrémité droite de la première rangée, dos aux élèves. Je m'endors, j'ai de la difficulté à demeurer éveillé, à entendre ce qu'on me dit, à voir les élèves : une étudiante me parle et je ne vois qu'une tache jaune qui bouge un peu. Soudain, en touchant mes lunettes, je leur trouve une forme pointue qui m'étonne, ce ne sont pas les miennes ; je regarde autour de moi, j'aperçois par terre mes lunettes, je les ramasse, les substitue à celles que j'ai : tout devient clair, je ne m'endors plus, je suis bien éveillé. » Je suis assis à l'extrémité droite de la première rangée parce que c'est là que tu t'assoyais toujours quand j'allais à la Cinémathèque avec toi ; en classe je ne m'assois pas à la tribune du professeur, je m'assois à une table d'élève. Je ne suis pas un professeur, je suis un élève plus âgé à qui on a confié des élèves plus jeunes. L'étudiante que j'ai de la difficulté à voir est celle qui, après cinq années d'enseignement pendant lesquelles j'ai tenu un discours magistral, m'a demandé lors du bilan du cours : avez-vous déjà publié un poème. Je ne voyais pas pourquoi elle posait cette question, je ne me souviens plus du visage de cette étudiante, mais je n'ai jamais oublié sa question dont elle m'a précisé le sens : toi qui nous notes sévèrement, qui critiques la plupart des œuvres que tu donnes à lire, as-tu eu le courage de publier un poème, d'offrir aux autres ta création. Cette question et la réponse que je lui ai donnée ont changé ma vie d'enseignant. Les mots « j'aperçois par terre mes lunettes » me font signe à cause de ceux d'un psychanalyste que je viens de lire : « Il conviendra de relever [...] ce qui repose à la surface. [...] Mais pas que là [...] mais, d'une façon générale, ici, par terre, où nous marchons, pour autant que nous y allons de cette démarche qui constitue un certain sol. » (Wladimir Granoff, *Filiations*.) La plupart des cours de littérature produisent de l'ennui : personne n'y marche, il n'y a pas de sol, que des notions critiques, des exercices d'analyse de haut vol qui finissent dans la mare des diplômes, des protocoles méthodologiques. Je suis un paysan, j'aime être assis par terre, toucher le sol, le sentir, je refuse que des abstractions me fassent taire. Je veux crier terre, je veux voir la réalité, j'enlève les lunettes qui m'empêchent de la voir-toucher, je mets les miennes qui la font apparaître. Les enseignants ne voient pas sur le sol de la classe les élèves-fleurs qui demandent à pousser ; ils ne les voient pas parce qu'ils sont des graines qui n'ont pas germé, des fleurs qui ne sont jamais sorties de terre. Ils s'épuisent à jouer au professeur qui sait tout des jargons critiques usés des manuels scolaires ou à la mode des théoriciens-vedettes ; quelques-uns tirent plaisir de la maîtrise de ce savoir ou du pouvoir qu'ils ont de l'imposer. Quand tu me parlais, tu me donnais à sentir la terre d'où tu venais. Je ne l'ai pas oublié : j'ai enseigné en donnant à sentir la mienne.

Nos pensées échangeaient. Les bières disparaissaient. Mon cœur revenait faire connaissance avec mon entité qui l'avait pourtant chassé hors de son domaine. Je sentis l'émotion en moi. Ses yeux me tendirent les mains. Ils me réapprirent à marcher dans le couloir étroit de mon esprit. De nouveau, je me sentais avancer. Est-ce possible de reconstruire une maison en si peu de temps ? J'y crus.

15
J'aime le monde simple, sans malignité, qui sourit doucement, qui parle clair. Du monde qui vit sur terre, des yeux qui parlent gentiment sans te passer sous le microscope. Une bouche accueillante qui ne se prend pas pour une vedette

de cinéma, contenant une langue qui ne répète pas toutes les médailles reçues. Des gens du sourcil calme et des dents honnêtes. Un esprit ouvert et une tête qui ne se donne pas d'air.

Il y a une autre chose, Patrick, que tu m'as enseignée : l'amour des femmes. Tu es le premier homme que j'ai rencontré qui aimait vraiment les femmes. Il y a des hommes qui croient les aimer parce qu'ils ont envie d'enfouir leur pénis dans leur vagin ; toi tu les aimais parce que tu avais envie de leurs paroles : tu avais des amies, je ne connaissais pas d'hommes qui avaient des amies. À vingt ans, à la suite de pas mal de discours misogynes, je croyais qu'une femme était un ensemble d'atomes qui riait ou pleurait sans raison valable. J'ai commencé grâce à l'enseignement d'Hélène Cixous à lire les femmes, à les écouter, à les donner à lire ; j'avais quarante ans quand j'ai osé écrire à une femme que j'aimerais que nous soyons amis. Maintenant j'ai quelques amies qui rendent ma vie plus vivante. J'invite les étudiants à développer leur côté féminin, les étudiantes leur côté masculin parce que nous venons des deux lignées, que, si nous sommes capables de les reconnaître dans notre parole, celle-ci ne pourra qu'être plus forte, plus juste. Comme toi, j'ai besoin de l'intelligence chaleureuse des femmes et de celle distante des hommes : l'une capable de se moquer des règles quand elles sont contraires à la vie, l'autre donnant à comprendre comment le monde bouge pour ne pas être ballotté, emporté par les malheurs ou les bonheurs du moment. Être intelligent, c'est ne pas étiqueter, ne pas juger, mais s'ouvrir au monde, aux autres, sentir que tout est lié, être capable de le montrer.

Cette semaine je suis allé dans un collège faire une conférence à des étudiantes qui suivent un cours de composition. Il faisait beau, j'étais content d'aller partager avec d'autres ce que j'ai appris. J'avais préparé une feuille de « Notes pour une conférence-circonférence sur le compost de la composition » auxquelles j'avais donné pour titre « Parole et voix » – j'y annonçais vingt-deux points que j'avais envie d'aborder. Dans l'autobus, en voyant mon sac d'école tout usé, j'ai eu une idée qui doit venir de *Jonas qui aura 25 ans en l'an deux mille* que tu avais été voir neuf fois à sa sortie ; tu te souviens de ce professeur d'histoire qui sort d'une valise un chapelet de saucisses pour faire comprendre les tranches de l'histoire. J'ai commencé en disant : faire une conférence, c'est ouvrir son sac, dire ce qu'il y a dedans. Sur la grande table ovale autour de laquelle nous étions assis, j'ai mis devant moi mon sac ; j'ai sorti une par une les choses qui y étaient en disant pour chacune sa raison d'y être, ses liens avec la composition. Tous les cours de littérature devraient être des cours de composition dans lesquels les lectures ne seraient là que pour stimuler la création. Les professeurs qui ont rendu obligatoires les analyses textuelles et les dissertations ont ignoré la nature du texte littéraire et la joie de créer des choses de nos mains ; au lieu d'inviter les étudiants à explorer librement le territoire de l'imaginaire, ils les ont condamnés à expliquer rationnellement des œuvres. Au lieu de répondre à un poème par un poème, à une histoire par une histoire, les étudiants sont forcés de disséquer poèmes et romans, alors qu'une œuvre est cristallisation, jaillissement, don – c'est un peu comme si on les empêchait de tendre la main à quelqu'un qui leur tend la sienne : il faut qu'il se contente d'en faire une radiographie. Je ne vois que du plaisir dans la transmission de ce que je sais depuis que j'ai trouvé une parole « par terre » ; si mon discours magistral des cinq premières années d'enseignement en a écrasé ou ennuyé plusieurs, ma parole-par-terre allume presque toujours des yeux – c'est la différence entre une parole qui rend compte d'une expérience et un discours répétant un savoir théorique. On ne sait jamais ce qu'on transmet, mais je sais que pour plusieurs j'ai été un révélateur, la pluie qui a fait germer la graine enfouie en eux, en elles : être ainsi au milieu d'un, d'une autre et que l'autre à son tour soit au milieu de soi est une grande joie. Pour être cette pluie, cette présence au milieu de quelques autres, je dis le plus nettement que je peux comment, pourquoi je lis-écris, je donne à lire un peu de ce que je lis et écris, j'invite chacun, chacune à risquer sa parole, à l'écrire le plus fortement possible, à être patient, à commencer par faire un pas – ce pas, je n'ai pu le faire qu'à vingt-six ans – ; pour que cela arrive il est nécessaire d'écouter-lire sans juger, de remercier qui risque quelque chose, d'encourager qui n'en est pas encore capable – tu appelais cela Patrick, dans *Questionnement socra/cri/tique*, pratiquer « un matérialisme de la tendresse ». Je n'oublie pas ce qu'une étudiante plus âgée m'a écrit : « Les profs n'ont pas le goût ou le courage de lire ce que les étudiants ont à dire » ; je n'oublie pas non plus ce que Freud disait aux analystes : « On n'arrive avec personne plus loin qu'on est allé avec soi-même. »

Je me réveille. J'ai mal à la devanture et j'ai mal dans le fond de ma cour. J'ai mal de vivre. De me traîner de jour en jour sur les tuiles de cette terre. Terre qui tourne et qui m'étourdit. Désirs refoulés. Joies étouffées. Larmes prohibées. Frustrations.

16

Tes mots en zébrures d'acier s'appesantissent dans mon ventre et me bousillent l'estomac. Tu m'es devenu indigeste. Je suis remplie de toi à ne plus savoir où me mettre. Tout mon espace t'appartient, tu l'envahis du flot de tes discours. Ta voix recouvre la mienne. Mes désirs et mes attentes sont depuis longtemps aphones.

Laurent Igno n'a pas été un professeur longtemps parce qu'un professeur c'est trop souvent arrogant, ça aime avoir raison, ça s'installe sur une estrade, ça étale son savoir. Laurent est descendu de l'estrade, il ne pouvait plus professer. Il a été s'asseoir avec les élèves ; à côté d'eux, il a commencé à entendre, à voir des choses simples qui lui avaient échappé. L'explication de la matière ne les intéressait pas, ce qu'ils désiraient, c'était jouer avec elle, la briser, en faire autre chose, essayer de créer ; ils voulaient faire comme les auteurs, ce qu'on ne leur permettait presque jamais, écrire leurs textes avec leurs envies, leurs dégoûts, leurs joies, leurs peurs. Ils avaient soif de se connaître parce que égarés, confus, hébétés par un monde qui les rature. Laurent Igno voyait comment tous ses diplômes avaient fait de lui un gardien du savoir, un gardien haïssable qui croit qu'il faut faire des révérences devant ce savoir – y toucher il n'en est pas question : défense de toucher, prière d'admirer, d'expliquer, de rendre compte. Laurent Igno déteste les professeurs arrogants, sûrs de leur savoir, de leur méthode ; il pressent qu'il sera jusqu'à sa mort un écolier. Il refusait d'être le gardien d'un savoir figé, il faisait attention à ne pas écraser les autres avec son savoir. Aux élèves, il permettait de jouer avec le savoir, d'en faire des poèmes, des histoires, des pensées liés à l'apprentissage de la vie immédiate. Comme le savoir circulait librement entre eux, il aimait entrer en classe, il leur disait en souriant : « Méfiez-vous de moi, je suis un vampire, j'aime m'immiscer dans vos coresprits. Je suis un filou qui a envie de vous faire sentir la parole grisante qui pousse en vous. On vous dit de ne pas vous regarder le nombril, moi je vous dis : regardez-le, caressez-le, faites-en une spirale d'amour. Quand nous regardons longtemps notre nombril, il disparaît, nous devenons tous les autres. Nous n'avons plus besoin du petit *je* étroit dans lequel la société aime nous confiner, nous ne sommes plus angoissés par la question de l'identité. Alors que la plupart s'acharnent à distinguer, à classer, à séparer, nous sentons comment nous sommes reliés à tout ce qui vit, nous jouissons de la vie qui court partout. »

L'école, il y a de quoi rager, réussit à faire de l'étude une corvée pénible alors qu'elle ne saurait être que quête de lumière, d'air, partage avec d'autres – Laurent Igno se sait naïf mais n'a pas envie d'être autrement.

Je voudrais reposer ma tête sur ton ventre, entendre ses bruits. Imaginer qu'il gémit par désir de moi. Couvrir ce ventre de ma bouche, prendre le tout, tes seins et tes épaules. Arracher tes hanches, manger tes pieds, mordre ton cou, marteler ton dos, tirer tes bras, craquer tes doigts, manger tes seins, dévorer tes yeux, taquiner ton nez, caresser tes jambes, voler ta tête, prendre ta conscience, t'entendre rire. Oui, t'entendre rire... et moi de sourire.

17

Hier soir, j'ai rêvé à des manteaux. Des tas de manteaux. De toutes sortes : des blancs, des rouges, des jaunes, des noirs. Il y en avait aussi des grands, comme des petits. Tous étaient là, au milieu de la place publique, à me regarder, moi qui sous les intempéries du vent me retrouvais toujours les épaules découvertes. Je courais sans cesse, à gauche et à droite, dans l'espoir d'en trouver un qui me fasse pour la vie.

Envie de pisser sur l'école. Tu ne le feras pas. Pourquoi pas. Le soleil va-t-il m'en empêcher. Philippe ouvre sa braguette, cherche son pénis, l'amène au grand air. Un mince filet tombe, puis un arc de plus en plus grand se forme, la pression doit être au maximum. Il est heureux d'arroser le mur du collège, il se sent bien, il aimerait pisser jusqu'à ce que le collège soit englouti sous son urine. Il pense à ce jeune père entendu à une fête de famille. « C'est un dur moment à passer », voilà ce que dit le père à son jeune garçon qui a souvent envie de se lever de sa chaise, pour qui rester assis à un bureau cinq heures par jour est un supplice. Le père jeune n'aimait pas l'école, n'y était pas bien, il n'a pas oublié : c'est un dur moment à passer. Que son fils fasse comme lui : qu'il apprenne à se tenir tranquille dans la prison-école. Combien d'années à purger. Au moins douze – de quel crime les enfants sont-ils coupables. Il faut casser un tel discours. Pourquoi le père attend-il de son fils qu'il soit docile aux règles de l'école au lieu d'exiger de l'école qu'elle change, qu'elle ne brise pas son garçon, qu'elle reconnaisse et développe ses forces, qu'elle soit un lieu où il va avec plaisir parce qu'on le respecte. Toujours ce désir des parents que leurs jeunes se tiennent tranquilles. Quelle tristesse. Pourquoi ne se réjouissent-ils pas de leurs sauts, de leurs courses, de leur envie de bouger, de transformer, de partir, d'aller loin, de risquer. Les adultes sont souvent lourds de leurs dettes, de leurs responsabilités : ils ne désirent la tranquillité de leurs enfants que pour ne pas être dérangés, parce qu'ils ont peur des feux virevoltants, imprévisibles, ça fait tellement longtemps qu'ils ont laissé les autres jeter de l'eau froide sur les leurs qu'ils ne s'en souviennent plus. Quel père peut entendre ce fils de dix-huit ans : « Y paraît que pour réussir ça prend une job ? Merde, moi qui voulais me promener, chanter, crier, danser, jouer, profiter, voir, entendre, goûter, m'amuser, parler, rencontrer, vivre ! » Qui a inventé l'école-prison. Qui va offrir l'école libre. Philippe, en fermant sa braguette, rage : il pense au ministre de l'Éducation qui veut allonger les heures d'enseignement alors qu'il faudrait les couper de moitié pour donner une chance aux jeunes de reconnaître leurs forces, de les utiliser, de devenir des tigres plutôt que des perroquets – les tigres sont une espèce en voie de disparition. Qui va déraciner l'ennui qui envahit les classes. Quels mauvais comiques prétendent que la jeunesse est le plus beau temps de la vie : n'ont-ils jamais été enfermés à l'école. Un homme que j'aime, Maurice Bellet, dans *La longue veille* : « L'école, c'est scolaire. Le vrai travail commence après. » Pourquoi toujours se résigner à un tel gaspillage de nos années de jeunesse. Pourquoi le vrai travail, celui qui nous passionne, ne commencerait-il pas à l'école. Pourquoi la plupart du temps une école course aux examens, aux diplômes, pourquoi pas plus souvent une école source de joies, de plaisirs – a-t-on peur du paradis sur terre.

Tes mains volent quand tu parles, il est difficile de les détailler en plein vol ; il faut les attaquer, les couvrir de petits baisers gourmands pour les calmer, pour les regarder. Ce sont de petites mains de déesse hindoue, ayant leur chorégraphie propre, élégantes, courtes, gracieuses et dodues, faisant tinter de petits bracelets d'argent, faisant courir le modeste feu de l'anneau que je t'ai donné.

18
Il y a l'odeur de l'orage, humide, étouffante, qui lance un appel criant à la sensualité. Il y a l'odeur de mon sexe sur tes grands doigts sa-

vants puis l'odeur de ta sueur qui me donne
encore envie de toi...

Il y a l'odeur de la mer qui m'enivre avec ses
picotements salés et qui donne envie de danser,
de libérer mon corps de toutes ses contraintes,
de toutes ses barrières, de devenir indécente...
De m'accrocher à tes reins pour ne m'en dissou-
dre qu'une fois la grande tension libérée.

Tant d'écoles dans ma vie. L'école scolaire où on
m'a raturé, où on a fait de moi un garçon obéissant, un premier de classe. L'école du mariage où
j'ai senti le mystère de l'autre, la difficulté de l'entendre. L'école du poème où j'ai appris les limites
de la raison, la joie de tout lier. L'école du zen où
on rit de la prétention des intellectuels qui croient
fixer la matière vivante dans des concepts. L'école
de l'analyse où j'ai laissé venir paroles et larmes,
où j'ai su à quel point nous avons besoin d'être
écoutés sans être jugés. L'école des femmes généreuses près de la cuisine, des chambres, des jar-
dins, des parcs. L'école de l'amitié qui m'a révélé
la force de l'intimité du tête-à-tête – comme la
parole est plus libre quand nous sommes seulement deux. L'école de l'étreinte sexuelle où j'ai
appris la fête des caresses, l'abandon. L'école de
la bonté naïve dans un monde qui force presque
à la méchanceté, au calcul. L'école de la franchise
où on apprend pourquoi on ment. L'école de la
maladie qui donne à sentir la mort qui rend la vie
précieuse. L'école de la tristesse qui me fait chercher la joie, lutter pour elle. L'école de la passion
dont je me tiens loin, qui m'attire. L'école de la
marche où le corps se déploie, s'ouvre librement
dans le paysage. L'école du son du violoncelle – la
beauté de la gravité. L'école du rythme – je crains
la vérité tranchante comme un couteau de bou-
cher. L'école de la peinture où j'ai appris à reconnaître mes couleurs, à être bien au milieu du silence. L'école des fleurs : la beauté fragile qui

remplit de joie. L'école des livres-voix où on apprend à parler loin, à parler proche. L'école du toucher : la poignée de main, le baiser, le regard, l'accolade.

La plupart de ces écoles sont des écoles de l'instant. La première est une école de la durée : douze ans minimum, un horaire régulier ; voilà pourquoi elle est un joug pour plusieurs, pourquoi elle donne mal au ventre à certains les jours d'examen, pourquoi nous avons hâte d'en sortir. Nous n'aimons pas les enfants, les adolescents en les condamnant à une école où le dressage domine. Pourquoi apprend-on si peu de choses intéressantes à l'école scolaire. Pourquoi fait-on une telle vie aux jeunes entre cinq et seize ans, pourquoi ne les laisse-t-on pas libres d'étudier ce qui les attire. Il y a tant d'écoles, pourquoi donner tant d'importance à l'école scolaire.

L'argent c'est comme une bête qui nous hante, comme des vampires hantent de vieux châteaux. C'est une bête sournoise qui est tellement puissante que l'on ne sait pas quand elle va attaquer. Cette bête, on peut l'apprivoiser et en faire son amie, ou elle peut devenir le pire ennemi à qui l'on ait jamais eu à faire face. Elle est tellement forte qu'elle nous contrôle.

19
D'où est venue l'idée nul ne le sait. En un tic-tac je me retrouve allongée par terre, les bas déchirés, la jupe levée, assaillie par le poids de trois présumés amis riant de bon cœur, se disputant à qui serait le premier.

Un d'entre eux se hasarde à m'incorporer son prolongement masculin tandis que les autres se chargent d'empêcher tout mouvement ou cri.

Elle ne savait plus quoi faire, quoi penser. Une telle trahison la meurtrissait dans tous les recoins de son être.

Deux façons d'enseigner : l'une, celle de Sévère Saitout, rationnelle, découpe le monde en tranches de savoir – traités, encyclopédies, manuels, dictionnaires –, l'analyse, donne l'impression de maîtrise, de totalité ; l'autre, celle de Laurent Igno, poétique, entre dans le monde par un détail – une chose, un mot, une anecdote, un poème, un rêve, une pensée, un fait, une sensation –, en fait un talisman, donne l'impression de la nage : vous êtes dans l'eau, l'eau prend la forme de votre corps, vous êtes mouillé, collé à l'eau, elle vous presse de partout. La première façon ennuie la plupart du temps, elle est beaucoup pratiquée – la maîtrise rassure. La seconde déconcerte, elle est peu pratiquée – on s'en méfie, on ne sait pas ce qu'on apprend. J'ai commencé par enseigner l'histoire de la littérature et les théories critiques sur la littérature ; les panoramas, les synthèses, les systèmes conceptuels éloignaient les élèves du plaisir de lire, du souffle qui anime les œuvres. Quand j'ai découvert l'écriture, j'ai mis fin à cet enseignement ; je me suis alors contenté de donner à lire des livres que je jugeais solides et d'inviter à écrire, à trouver une écriture qui donne de la force à la vie en nous, hors de nous. La lecture libre de quatre livres et l'écriture libre d'une dizaine de textes en apprenaient beaucoup plus aux élèves que mes survols historiques ou critiques : lire et écrire librement font de la lecture et de l'écriture des gestes vivants, des expériences où chaque individu s'engage différemment, alors que les exposés condamnent chaque individu à répéter le même savoir : les caractéristiques d'une époque, d'un courant, d'une école, d'un genre, d'une œuvre.

L'Iphigénie de Yannis Ritsos dans *Le mur dans le miroir et autres poèmes* :

[...] La nuit,
j'essaie souvent, quand je suis allongée,

de toucher le mur avec mon pied ; et le mur
n'en finit pas de s'éloigner et la jambe s'al-
longe
et je le touche, mais beaucoup plus loin ; je
touche par exemple
les galets d'un autre rivage ou le genou
calme du vent,
un vent qui n'a jamais été aussi calme ; et
cela
n'est pas du tout désagréable ; car en plus de
la sensation
de l'éloignement ou de l'anéantissement, il
reste
quelque chose de la liberté de l'infini, et de
l'inexistant,
quelque chose de cette molle tranquillité sur
laquelle
le couteau ne peut avoir prise ni la blessure
se former sur laquelle
rien ne peut plus trouver appui, ni le piège à
oiseau ni la chaise ni la pierre,
ni même une fleur séchée sans le moindre
poids, de celles que nous avons mises un
jour
entre les pages d'un livre que nous n'avons
jamais lu jusqu'au bout.

Le poème lie tout. Au bout de mon pied, il
y a le monde entier. Les poètes ne cessent de
nous inviter à embrasser le monde et presque
personne ne les lit. La plupart des enseignants
ne connaissent que les quelques poèmes qu'ils
ont été forcés d'analyser quand ils étaient étudiants ; ils n'ont jamais lu avec plaisir les poètes, ils n'ont pas cherché à trouver ceux qui les
éveilleraient, leur parleraient secrètement sans
qu'ils aient besoin de les analyser, de les réduire
à un sens. Laurent Igno lit de temps en temps
des livres de poèmes ; il apprécie leurs espaces
blancs, ça l'aide à respirer, à rêver, mais cela ne

l'empêche pas d'aimer aussi s'enfoncer dans les pages touffues de gros romans. Il admire les romanciers capables de faire vibrer toute la texture du réel ; ces jours-ci il lit *Jean Santeuil* et *Middlemarch*. Il regrette de ne pas savoir par cœur les poèmes qu'il aime ; il aimerait parfois en réciter des passages, mais il ne se souvient que d'une sensation, de quelques mots.

L'ouverture de ma bouche ne fait qu'émettre le faible
bruit de mes lèvres sur mes lèvres
Je crie de toutes mes forces
Mais il n'y a plus que moi pour m'entendre
Alors je me tais, n'écoutant plus que mes pensées
affluant en moi.

20
Vous dire que je ne ressemble pas au printemps ce matin serait vous mentir. Je me sens jeune, fraîche, belle, indécente et j'ai le goût de faire des mauvais coups. Je me sens intouchable, invulnérable, rien ne m'embarrasse, ne me culpabilise ou ne me martyrise, j'ai l'impression que le printemps me favorise. Je pense même qu'il me préfère aux autres, je le sais et je le sens.

Un homme à une femme à qui il a envie de tout dire : « Tu ne me connais pas et, en t'écrivant, je ne me connais pas vraiment non plus. En fait, j'ai essayé de ne pas écrire, j'essaie depuis deux jours, mais je viens de craquer. [...] Quelqu'un a dit ton nom, des adolescents t'ont appelée "madame" comme un professeur, tu étais avec un homme grand, sans doute ton mari. Ne crains rien, je ne veux pas te rencontrer ni te déranger dans ta vie quotidienne, mais je voudrais que tu acceptes de recevoir des lettres de moi. C'est-à-dire que je puisse (de temps en temps) te parler de moi par écrit. Non pas que ma vie présente un intérêt particulier (elle n'en présente aucun et je ne m'en plains pas), mais je voudrais te donner les choses que je ne sais pas à qui donner. Des choses que je n'aurais jamais pensé pouvoir ou même vouloir donner à quelqu'un d'extérieur. [...] S'il faut donner des explications, ce n'est pas la peine, et tu n'as même pas à me répondre, parce que je me serai sans doute trompé. Mais si tu es celle que j'ai vue là-bas, les bras serrés autour de toi avec un léger sourire brisé, alors je pense que tu comprendras. » (David Grossman, *Tu seras mon couteau.*) Pourquoi suis-je mû, ému par cette lettre. Elle me rappelle la G. H. de Clarice Lispector : « J'essaie de donner ce que j'ai vécu et je ne sais pas à qui, mais ce que j'ai vécu, je ne veux pas le garder pour moi. » Comment enseigner si nous n'avons rien à donner, qu'y a-t-il d'autre à donner que soi, notre brûlure, comment se donner à cent inconnus. Ne faudrait-il partager qui nous devenons qu'avec qui nous nous sentons mystérieusement liés. Ce que Yaïr a ressenti en voyant Myriam, je l'ai ressenti quelques fois pour une femme ou un homme ; je n'ai pas écrit ou parlé chaque fois, je manque parfois d'audace, il m'arrive de préférer ma tranquillité, mais les fois où je l'ai fait ou que d'autres l'ont fait vers moi ont permis à quelques amitiés de naître qui rendent ma vie plus chaude.

En enseignant, j'ai découvert par l'écoute de cent nouveaux inconnus par session que cette attirance pour un individu n'était pas rare comme on le laisse croire habituellement, que tel individu que je n'avais pas remarqué au premier regard pénétrait en moi à la première écoute ou à la suite de quelques échanges. J'en suis arrivé à penser que la plupart des individus sont attirants quand la parole a le temps et la chance de se déployer librement – tous les autres sont une partie de moi.

Si l'amitié est rare, c'est que nous craignons de parler librement, nous nous méfions du jugement des autres, nous avons peur de faire rire de nous. Nous ne prenons pas le temps d'écouter l'autre, nous ne voulons pas être dérangés ; la retenue ou le manque de temps sont des raisons commodes, faciles pour ne pas nous engager – cela entretient le froid avec les autres et nous disons avec une certaine tristesse que notre monde manque de chaleur. Je me souviens du roman *La maison du professeur* de Willa Cather à cause d'une phrase du professeur St. Peter : « De toute une vie consacrée à l'enseignement, je n'ai rencontré en tout et pour tout qu'un seul esprit remarquable ; si ce n'était pour lui, je considérerais que j'ai largement gaspillé toutes ces bonnes années. » Ce professeur, s'il avait écouté chacun de ses étudiants, comme il l'avait fait pour ce Tom Outland avec qui il était devenu ami, aurait peut-être appris que chaque individu a un esprit remarquable quand on prend le temps de le remarquer, de lui laisser temps et espace pour qu'il apparaisse. Si entre les enseignants et les élèves la parole ne circule pas librement, l'apprentissage sera la plupart du temps presque inexistant ; les enseignants croiront que les élèves sont sans appétit de connaissance et les élèves que l'enseignant est un prétentieux qui pense détenir la vérité.

La haine quitte l'énorme main. Sous le choc violent, elle se transmet dans la joue du petit bonhomme, puis dans sa tête, puis dans son corps entier. Elle suit son sang dans ses veines. Le petit n'en veut pas. Il se débat, il veut rejeter cette intruse en lui. La haine est puissante, elle s'impose. Le petit bout résiste.

21
*Puis un jour à la suite
des autres, j'ai senti une*

langue se tortiller
dans ma bouche, étrange premier
baiser. Ensuite il y a eu les
autres. Pourtant j'en ai toujours
envie comme si c'était le
premier. Mille fois amoureuse,
mille fois jalouse et passionnée,
mille fuites, mille fanfares,
mille fleurs, mille pattes,
millefeuille, mille et une
nuits et j'aime encore. Toujours
à raconter des histoires que
seule je crois.

Envie de mettre la hache dans l'école. Mille vaches entrent par la porte principale, cherchent de l'herbe dans les couloirs, sous les pupitres. Les élèves sont ravis, ils sortent dehors, caressent les vaches au passage, leur ennui est fini. Au lieu d'avoir passé tant d'années à écouter des professeurs qui dissertaient, expliquaient, faisaient des exposés, des résumés, affadissaient presque tout, pourquoi ne les ai-je pas passées à flâner avec Walt Whitman et Pablo Neruda dans les rues de Montréal : tout ce que j'aurais senti, vu, découvert – la variété de la vie –, tout ce qui m'aurait donné envie d'étreindre ces jeunes, ces vieux, ces femmes, ces hommes qui, au milieu de la misère du monde, sont encore capables de sourire à un pigeon qui se bat avec une tranche de pain, à la pluie un jour de chaleur accablante, à un vagabond qui mendie avec dans les yeux une belle terre brune. Moi qui viens de prendre ma retraite, je comprends enfin tous ces rêves que je faisais, qui continuent à me rêver, où je cherche en vain la classe où je dois enseigner, et, si je la trouve, elle ressemble à un labyrinthe, je ne vois que quelques élèves et pas en entier : j'aperçois des mains avec un crayon à la mine cassée, des oreilles avec un cadenas, des pieds endormis, des fesses usées, des coudes qui donnent des coups dans le vide. Ces rêves disent : toi que nous aimons nous ne voulons pas que tu sois un professeur qui entre dans une classe, s'écoute discourir, fait taire qui ne pense pas comme lui, voilà pourquoi nous égarons tes pas, nous ne voulons pas que tu t'égares, que tu passes ta vie à jouer au professeur sévère qui a toujours raison, écrase la vie avec des méthodologies pointilleuses qui tuent avec l'autorité de la sottise toute pensée eau vive, sève puissante, pierre chaude, bouche gourmande, yeux talismaniques.

Cette nuit un nouveau rêve : j'arrive à l'école, je monte l'escalier, sur le palier des étudiants dorment dans des couvertures de fourrure brune, je pousse la porte, dans le corridor plein d'étudiants sont couchés par terre, quelques-uns dorment profondément, d'autres se tiennent par la main, sourient doucement, je demande à une étudiante ce qui se passe, elle ressemble à une fée, ne me répond pas, me sourit, je commence à comprendre que je suis entouré de fées, de lutins, de grands enfants, que je n'arriverai pas à ma classe, je me couche par terre, me mets à songer à une enseignante qui donnerait à téter ses seins à chaque élève, à ce cours que j'aimerais donner : nous sommes une quinzaine couchés sur le sol près d'un étang, de temps en temps l'un de nous parle, notre voix est comme un murmure simple et mystérieux, la plupart du temps il n'y a que des ondes, des vibrations qui nourrissent nos coresprits, nous nous rencontrons pendant tout l'été une fois par semaine ; à la fin nous sommes redoutables : quand nous retournons à l'école nous faisons éclater les définitions, les explications, les résumés, les questions.

N'a-t-on pas envie
Parfois

De baiser une dernière fois
Sur un champ boueux
En suant, crachant, pleurant
Vomissant, éjaculant
Pour ensuite creuser un trou
Plus petit que soi
Et tenter malgré tout
D'y pénétrer
En faisant rompre
Un à un
Tous les os du corps
En essayant de crier
Son dégoût du monde

22
Il pleut doucement sur la ville.
De ma maison, je vois un petit
écureuil qui se tient sur ses deux
pattes arrière et grignote un
gland. Il est brun pâle, avec
une longue queue épaisse et
relevée.

Philippe demande à Laurent Igno : je sais que tu n'aimes pas l'école, mais ne faut-il pas… Il ne sait comment finir sa phrase. Laurent sourit : s'il n'y avait pas d'écoles-prisons, d'écoles-corsets, chacun pourrait enseigner ce qu'il sait à qui a envie de le savoir. Le savoir ne serait plus cette chose morte qu'on mémorise dans les écoles pour obtenir un diplôme ; ce serait un échange entre qui désire apprendre et qui a appris, ce serait des dizaines d'échanges, d'expériences au lieu de l'uniformisation actuelle où presque tout ce qui s'échange s'appelle peur, humiliation, pré-jugé, répétition, concurrence, performance, dé-ception, tricherie, mensonge, bourrage de crâne, mutisme, surdité, aveuglement. Dans l'école telle que nous la connaissons, les professeurs jouent aux professeurs, s'en tiennent à leur rôle, attendent des élèves qu'ils en fassent autant : qu'ils se contentent d'être des élèves. Alors un professeur parle en professeur et un élève répond en élève ; c'est vite ennuyeux, mais quelques-uns semblent trouver ça intéressant : ils sont tellement habitués à ne pas être eux totalement qu'ils ne se rendent pas compte qu'ils ne sont plus des êtres humains complexes avec des élans, des idées, des sentiments, des secrets, des peurs, une histoire. Quand un professeur ne parle pas en professeur mais en homme-femme ou en femme-homme avec une parole fluide où tous les éléments de sa vie s'entremêlent, les élèves sont surpris, le ou la trouvent bizarre – les élèves me percevaient ainsi les premières semaines : quelqu'un qui fait un peu peur parce que sa parole s'en va dans toutes sortes de directions, est imprévisible. Quelqu'un qui parle librement, ne donne ni leçons ni devoirs, témoigne de ses expériences, de sa compréhension du monde, invite les autres à en faire autant ; quand il pose des questions, ce n'est pas pour vérifier si les élèves connaissent la réponse, c'est parce qu'il n'a pas de réponse ou qu'il désire confronter leurs réponses aux siennes parce qu'il sait qu'il y a souvent plusieurs réponses valables, que chaque réponse renvoie à toute une vie.

Je viens de trouver dans *Regardez la neige qui tombe* de Roger Grenier une petite phrase de Tchekhov qui donne à comprendre pourquoi tant d'élèves s'ennuient à l'école : « L'homme intelligent aime à apprendre, l'imbécile à enseigner. » J'ai été un imbécile pendant mes premières années d'enseignement. C'est quand j'ai commencé à non-enseigner que les élèves ont appris vraiment quelque chose, c'est quand j'ai commencé à ne plus vouloir parler tout seul en avant, à désirer apprendre des choses des élèves en m'assoyant parmi eux que tout s'est ouvert.

Il faut suivre l'exemple de ce savant qui avait prouvé théoriquement que l'abeille ne peut pas voler. Quand on lui demanda pourquoi les abeilles volent quand même, il répondit tout simplement que les abeilles volent parce qu'elles ne savent pas qu'elles ne peuvent pas voler.

23

Bébé-lune joue encore, se salit en mangeant, dit les mots à l'envers parce qu'il ne les connaît pas, tombe même par terre sans qu'on rie. Il aime beaucoup, déteste peu ; il pleure comme le crocodile en plastique qui flotte dans son bain. Mais pas plus longtemps. Il ne connaît même pas encore les synonymes, Pythagore et l'histoire du Québec. Mais il dessine de belles maisons.

Moi aussi je sais dessiner des maisons. Je sais aussi compter, parler, écrire, manger... détester, me moquer, voler, envier. Les fleurs ne sont plus belles, je les connais. Je connais aussi l'ennui : beaucoup de métro, peu de soleil ; beaucoup de pareil, peu de merveilles...

« Ce qui est bon, Phèdre, et ce qui n'est pas bon – devrons-nous demander à d'autres de nous l'enseigner ? » Cette question trouvée dans *Traité du zen et de l'entretien des motocyclettes* de Robert M. Pirsig ne m'a pas quitté depuis que je l'ai lue. Si les enseignants prenaient le temps de répondre vraiment à cette question, de ne pas aligner une réponse toute faite – comme celle-ci qui m'agace : les professeurs sont des passeurs de culture –, peut-être qu'ils cesseraient d'enseigner, qu'ils commenceraient à parler, expérimenter, à permettre aux élèves d'en faire autant, qu'ils découvriraient qu'un savoir vivant se construit à partir d'expériences, d'échanges. Je ne suis pas un passeur de culture, je suis un écouteur de voix. Je suis un broyeur de culture, je ne fais pas de révérence devant les grandes œuvres reconnues, célébrées. Une œuvre est grande quand elle bouleverse mes représentations du monde, quand elle me force à voir ce qui était encore dans l'obscurité dans ma pensée, quand elle me rappelle qu'il n'y a rien de plus grand que l'amour, que sans l'amour ma vie n'est qu'un mouvement mécanique. L'école que j'aime nous apprend à entretenir une vie aimante en nous, autour de nous, lutte contre tout ce qui brise nos élans, nos désirs, nos forces. Comme je déteste l'école-contrôle de faire de nous des esclaves de faux savoirs, de savoirs non reliés à nos vies instinctuelles, sensuelles, travailleuses, affectives, intellectuelles, sociales, spirituelles. Un grand adolescent dans *Un été prodigue* de Barbara Kingsolver : « Oncle Cole et moi, on allait pêcher ensemble. [...] On se sauvait tous les deux de l'école et on allait pêcher la truite dans la montagne. Bon sang que c'est beau là-haut ! Il y a des arbres qui sont tellement grands qu'on tombe carrément à la renverse rien que de les regarder », sa jeune tante de trente ans : « "Tu peux me faire confiance. À part quelques obstacles en chemin, ça ne fait que s'améliorer à partir du collège." Elle réfléchit à ce qu'elle venait de dire, surprise de découvrir à quel point c'était vrai. "Ça, je peux te le garantir. Même déprimée, [...] j'aime mieux ma vie de maintenant que celle que j'avais quand j'étais à l'école." » Dans combien de romans ai-je lu des propos semblables. Comment faire d'une classe un lac plein de truites, un espace où on ne s'ennuie pas, où on a hâte de venir. Pourquoi manque-t-on d'air, de liberté à l'école. Pourquoi n'y apprend-on pas à chanter, danser, écrire des poèmes, faire des vêtements, des coussins, des tables, prendre des photos, faire des films, réparer une bicyclette, une auto, partager nos pensées et nos rêves, piller les bons

71

livres, trouver des solutions à nos peurs, faire la cuisine, l'amour, être conscient de notre cores-prit et de notre milieu social. Des réponses ont été données à ces questions par des pédagogues comme Célestin Freinet, mais qui les connaît – les professeurs de collège et d'université la plu-part du temps n'ont pas fait d'études pédago-giques – ou on croit que l'école-atelier n'est bonne que pour les enfants de l'école élémentaire. L'école ne devrait-elle pas toujours être élémentaire, expé-rimentale, partir des besoins fondamentaux des élèves au lieu d'être secondaire, vulgarisatrice, en-combrée de savoirs théoriques.

Je suis bien, là dans mon lit, sous mes déli-cieuses couvertes, oui délicieuses, mon lit est comme un gâteau à étages ; j'ai ma couverture de coton qui glisse sur ma peau, puis une cata-logne énorme qui ajoute de la lourdeur pour me tenir bien plaqué au matelas et une sorte de crémage douillet, bien rembourré, communé-ment appelé « couette » pour m'assurer de beaux rêves moelleux. Et moi au centre je joue le fruit se faisant dorloter dans la crème fouettée.

24

La seule chose qui nous envoûtait chez lui c'était le livre qu'il tenait serré entre ses mains et la façon qu'il avait de faire lui-même partie d'une scène frêle et unique, partie intégrante de notre vie dans le quartier. Je pouvais passer des heures et des heures rien qu'à le regarder lire, et à force de le regarder il me semblait que l'on pouvait sentir la force ou la faiblesse de tel ou tel roman à des kilomètres à la ronde. Chose encore plus étrange, quand le jour se levait j'aper-cevais de ma fenêtre le livre abandonné que l'homme avait parcouru toute la nuit, parfois je descendais pour aller le ramasser, parfois d'au-tres le faisaient avant moi.

Combien de jeunes se sentent en exil dans une classe, se demandent ce qu'ils et elles y font. Qui les a bannis. Qui les force à vivre hors d'eux-mêmes. Ils apprennent ce qu'ils n'ont pas envie d'apprendre et ce qu'ils ont envie d'apprendre, on en parle rarement en classe. Peut-être allons-nous à l'école pour apprendre à avoir froid, pour apprendre que le monde n'est pas la maison chaude de nos parents. Les professeurs distants sont comme des employeurs – ils surveillent si le travail demandé est bien fait –, alors qu'ils devraient être comme des parents qui aident leurs enfants à être confiants dans leurs forces en les encourageant dans leurs efforts pour arriver à une vie intense. L'école est une camisole de force – qui continue à faire semblant de ne pas le savoir, qui a intérêt à le nier. Pourquoi y en a-t-il si peu qui travaillent à en faire une maison d'étude avec des petits et grands ateliers, des petites et grandes salles de rencontre, une bibliothèque, une médiathèque, un grand jardin où se promener.

L'école est trop souvent une maison de correction ; elle est droite-droite, voilà pourquoi elle nous rend malades : elle nous éloigne des tours et détours de la vie. La fausseté de l'école : presque tout y est séparations, définitions, explications, classifications, on ne cesse d'y nier le mouvement de la vie. Séparer permet de contrôler, lier force à échanger, ce qui semble fatiguer la plupart des enseignants ; ils préfèrent contrôler, épier, laisser des marques rouges sur les copies des élèves. S'attaquer aux problèmes de la vie, l'école ne le veut pas ; elle préfère mettre élèves et enseignants dans le formol. La formation de l'école c'est la formule – heureusement que des élèves se transforment en mules : autrement il n'y aurait qu'esclaves résignés et premiers de classe fiers de leurs notes. Le courage de la mule : refuser la bêtise. La vie de la plupart est encombrée des résumés d'école, des articles des grands journaux – ils sont inactifs, sans pensée propre, ne connaissent pas la joie de créer, n'écrivent pas de poèmes, sont pressés, oppressés. Ils n'ont pas eu la chance de travailler avec le professeur Frœppel : « Les textes auraient tout à gagner si on les laissait à leur luxuriance, à leur prolifération natatives (Natative ! Encore une admirable création spontanée : les idées de naissance et de natation superposées !) Blessons la langue pour sauver l'esprit ! Guerre aux vils correcteurs, aux protes attentifs et aseptiques ! Leurs rectifications tuent les vitamines de la pensée. »

Voulez-vous mesurer la sottise d'un professeur : calculez le nombre de ses étonnements – moins il en a, plus il risque d'être arrogant. Une école où la liberté est première, les enseignants n'en veulent pas. Ils ne sont pas intéressés à développer les forces des élèves ; il est tellement plus facile de tous les obliger à faire les mêmes exercices insignifiants. Des élèves libres, ça se contrôle mal – comment mettre des notes à la liberté. Un esclave à qui on donne des consignes, c'est tellement plus rassurant ; il ne risque pas de vous dépasser, de vous déborder. Penser par soi-même, être à l'écoute de ce qui bouge, pousse en soi, c'est trop difficile, ça prend trop de temps, de travail, de tâtonnement, c'est trop dangereux : on ne sait pas ce que ça va donner. Dans une société habituée à la répétition où trouver des enseignants capables d'être à l'écoute des forces individuelles – comment enseigner ce qu'on ne connaît pas, ce qu'on connaît seulement par ouï-dire, de seconde main. N'est-ce pas bizarre que dans nos sociétés capitalistes qui encouragent la libre entreprise l'école paraisse fonctionner comme ces pays que l'on disait derrière le rideau de fer : tout y est contrôle incessant.

Déshabille-toi. Viens vite.
Prenons-nous. Le meilleur moyen
de s'expliquer sans être dupe,
c'est de s'étreindre, corps à corps.
Ne boude pas. Défais ta jupe.
Nos corps, eux, seront d'accord.
Viens, et ne fais pas la tête !
La querelle déjà prête,
tu sais bien qu'on l'oubliera
dès que tu seras venue.
Vite, allons ! Viens dans mes bras,
toute nue...

25

Chez moi, pour mieux me retrouver, je me mets nue, les mains sur les yeux, étendue sur le dos. Je voudrais ralentir, tout est si vite, on s'acharne, on court, on bûche, et si on se trompait ?

L'école est tellement petite, les jeunes ont tellement envie de quelque chose de grand. Le jeune Russe qui vénère Kurtz dans *Cœur des ténèbres* de Joseph Conrad : « Mais quand on est jeune, on doit voir du pays, acquérir de l'expérience, des idées, élargir son intelligence. » L'école résume le monde, l'école rapetisse tout. Des adolescents la fuient, en meurent. Aucun directeur d'école ne le dit : les directeurs répètent les discours ronflants sur la valeur de l'école. L'école, on a tellement envie de la brûler. La bêtise des résumés, des explications en n points, des dissertations sur des sujets sans intérêt, des discours solos des profs. Presque tout y est fade, médiocre. Il n'y a que l'école élémentaire qui soit grande parce qu'elle fournit les outils premiers. Mais après ça se gâte : on empêche les élèves de se servir des outils pour faire apparaître leurs rêves, leurs quêtes ; on leur dit contentez-vous de regarder comment d'autres ont travaillé, créé. L'école secondaire, le collège, l'université, c'est trop souvent petit-petit : on y est personne, on y étouffe, on y subit la matraque de la méthodologie toute cuite. Trop peu de paroles vives dans les grandes écoles. Qui ose y parler avec tout son coresprit, avec toute sa vie. Des jeunes effacent l'école avec la bière, la drogue, la musique, le sexe, le cinéma. Quoi de plus pénible que le prof qui s'écoute parler, ne veut pas voir l'ennui des élèves qui hurlent dans leur tête : « Cause toujours pauvre mec. » Comme c'est bon d'être un élève en vacances, de n'être plus forcé d'écouter qui a du plaisir ou de la lassitude à parler tout seul en avant d'une classe. L'école relève de la contrainte, de la besogne : il faut demeurer attentifs à ce que nous n'avons aucune envie d'entendre à cause de la menace de l'examen qui, réussi, nous permet de continuer la course à obstacles vers le diplôme, papier éminemment utile dans notre société de papiers validant pouvoirs et gestes. Beaucoup de certificats, peu de vie. Trop de classes où nous sommes forcés d'écouter, de répondre, trop rares les classes où nous avons envie de parler, d'échanger. J'aime le silence de la réflexion qui nous permet de sentir ce qui se trame entre nous et la matière, je déteste les cours qui prétendent tout nous dire de quelque chose avant que notre esprit s'y soit intéressé – triste gavage semblable à celui des journaux : beaucoup d'informations et pas d'espace pour penser par soi-même – notre tête est une poubelle remplie d'informations qui nous cachent nos forces : ces forces, il y a bien des chances que nous ne les connaissions jamais, nous allons piétiner toute notre vie, arrêtés par toutes les informations que nous avalons quotidiennement, quelques-uns vont mourir devant leur ordinateur ou leur télévision, entourés par des piles de journaux et de revues.

Je regarde les deux points noirs entrer et sortir des immenses vagues, puis après d'interminables minutes, d'interminables secondes, d'interminables fractions de temps... je ne vois plus. C'est fini. Mon père n'existera plus que dans ma tête, dans mes souvenirs. Je reste assis à regarder le sol, à fixer les grains de sable comme une statue, la vague de sentiments, d'émotions m'ayant anéanti. Le temps se fige. Perte, manque, confusion, bouleversements.

Je ne suis plus, ne serai plus, n'ai jamais été...
J'étais âgé de onze ans... je l'aimais.

26

J'avance à grands pas dans la vie en ayant l'impression de m'en écarter.

Je me regarde dans le miroir sans pouvoir y reconnaître la personne que je vois.

Étant enfant, je rêvais et maintenant je rêve à mon enfance.

Je gagne ma vie à travailler mais ce travail m'arrache à la vie.

Parmi tout le monde qui m'entoure, je me sens invisible.

Je me demande s'il y a quelque chose à retenir de mon vécu.

Je me couche le soir en espérant ne jamais me relever.

Je suis le pantin de mon destin.

Une fille d'une dizaine d'années dans *Le sommeil délivré* d'Andrée Chedid : « Un jour, j'avais vu un poisson se débattre. Il avait fait un trou dans le filet et s'était échappé en laissant beaucoup d'écailles. Mon frère l'avait injurié. Il s'était penché au-dessus de l'eau et lui avait lancé des injures. Près de lui, je tenais mes bras croisés, mes mains serrées sous mes aisselles, pour ne pas applaudir. » Je suis cette petite fille. Une fille de dix-huit ans : « On trinque à l'école, en espérant qu'elle brûle bientôt. » Dans *La ballade de l'impossible* de Haruki Murakami, un étudiant de dix-neuf ans : « Fin mai, l'université se mit en grève. On réclamait sa "destruction". Allez-y, détruisez-la, pensais-je. Une fois que vous l'aurez bien démolie, piétinez-la et réduisez-la en miettes. Je m'en fous. Je serai bien soulagé et je me débrouillerai toujours après. Je peux même vous aider, si vous voulez. Dépêchez-vous. » L'ennui pendant les cours, comment le briser quand on est un élève. Comment voir le prof, la classe pour y trouver quelque intérêt. Imaginer le prof nu, son pénis fripé, son nombril, ses pieds. Regarder sans rien entendre : le cours est un film muet. Lire un livre, jouer avec les phrases. Chercher dans la classe l'élève qui ressemble le plus au prof, aller lui demander s'il a le sens de l'humour. Dessiner la calèche qui dans les films de vampire conduit le héros sur l'autre rive. Fixer intensément les yeux du prof. Imaginer que sa femme entre, lui demande où il a mis ses crayons rouges. Composer une chanson comique à chanter au milieu de la nuit quand on est fatigué de faire un travail insipide à remettre le lendemain. Poser sans cesse des questions au prof pour le faire dévier de son discours. Avoir pitié de lui qui ne sait pas faire autre chose que de poser sur les tables des élèves des mètres cubes d'ennui. Savourer le silence quand pas un élève ne répond à une de ses questions. Résister à la tentation de le faire paniquer : il pourrait devenir un chien méchant. Une jeune vache apparaît au milieu de la classe : « Soyez bons les uns envers les autres : donnez de votre lait chaud à qui a froid. » Une abeille entre par une fenêtre, tourne autour de la tête du prof : il ne sait plus ce qu'il dit. Un étudiant se déshabille comme s'il était seul dans sa chambre, se couche sur le plancher : le prof se transforme en tomate, en concombre anglais, en aubergine. Une étudiante à qui le prof demande pourquoi la « Chanson des mégots » de Gilles Hénault est humoristique réfléchit puis répond : « Je me dis que je vais me couper les cheveux pour voir à quoi ressemble mon visage quand il est presque nu. »

Que chacun apprenne à trouver des étincelles de liberté sous la cloche de verre de son école.

Si doucement.
Si lentement.
J'pense à toi.
Encore une fois.

Avec la passion sur la bouche.
Avec nos sexes qui s'touchent.
Avec des frissons de mystère.
Des retrouvailles à la frontière.

Avec des wagons d'inquiétude.
Au fond d'une gare de solitude.

27
En relevant la tête, il croise ses parties génitales et réalise qu'il y a là aussi une petite forêt à tête frisée. Samuel devient fou de joie. Il court çà et là dans les pièces de la maison. Enfin, se dit-il, je deviens un homme ! C'est dans sa course effrénée qu'il passe devant la fenêtre du salon. Tout d'un coup, il réalise qu'il ne porte aucun vêtement et que Julie, sa voisine, le regarde. Leurs yeux se croisent puis se figent. Lui, pour la première fois, il prend conscience à quel point Julie est jolie, dans son corps de jeune femme. Et elle, c'est la première fois qu'elle voit un jeune homme nu.

Pas mal de profs ne sont pas doués pour l'enseignement parce qu'ils ne réfléchissent pas à ce qu'ils font, ignorent par conséquent ce qu'ils font.

Ils donnent des cours magistraux ou des exercices parce que c'est ainsi qu'on leur a enseigné ; ça ne va pas plus loin, même le contenu de leurs cours et de leurs exercices ne vient pas d'eux. Ça ne va pas à l'école parce que les profs sont trop souvent des Sévère Saitout : ils prétendent tout savoir, n'avoir rien à apprendre des élèves, ils sont là pour les corriger. Tant qu'il n'y a pas échange des savoirs, l'école est une hiérarchie mutilante. On recommande aux profs de ne pas devenir amis avec leurs élèves alors que l'amitié est la condition même d'un vrai apprentissage, d'un apprentissage où ce qui importe c'est la qualité des liens entre les individus et les éléments de la vie, du monde – la vie quotidienne, le monde entier, rien de moins. Le prof allumé : l'allumette qui met le feu de l'étude au cœur du coresprit des élèves. Étudier : faire des études, des croquis, des esquisses pour tenter de saisir ce qui nous anime, ce qui nous donne une âme, ce qui entretient un petit feu dans l'âme. Dans les classes, la plupart du temps on a froid. Un prof qui a le goût des commencements, des ébranlements, de l'inattendu est un cadeau pour les élèves qui n'ont appris qu'à obéir, à se soumettre, mais il arrive que quelques-uns ne soient pas prêts à faire le saut – la peur de leur liberté leur fait abandonner le cours. Quand les profs ne sont pas des écouteurs, des créateurs, qu'ils sont des fonctionnaires qui suivent à la lettre les directives du ministère de l'Éducation, des enseignants qui tiennent trop bien leur rôle de professeur, ne le remettent pas en question, l'école est une formidable perte de temps : comment ne pas trouver intelligent qui en décroche.

Laurent essayait de regarder, d'entendre chaque élève, de se laisser traverser par sa parole : il notait sur une feuille pour chacun à chaque texte remis un passage qui l'avait touché. L'élève n'était ni un numéro de dossier ni une machine à produire des travaux impersonnels mais un être humain complexe avec une histoire singulière. Pour mieux entendre chaque élève, il lisait sans cesse des hommes, des femmes qui tiennent à leur parole, offrent leurs secrets, ont faim de partage.

Il est là, sur le coteau des grands vents. On ne sait pas depuis quand il existe. Je sais que lorsque j'étais petit ses branches étaient déjà pour moi comme un grand parapluie sous lequel on pouvait jouer toute la journée.

28
Elle n'aimait pas être triste. Mais elle l'était souvent, en cachette. C'était plus fort qu'elle. On lui disait qu'elle portait la vie, elle, elle ne sentait que la mort. Et puis, un bon soir elle se tuerait. Ce sera sa victoire personnelle sur la vie, la société qui la tasse, sa mère qui la déchire comme une feuille détrempée. Elle aura enfin le dernier mot. La faute de frappe qui s'est glissée laisse couler les gouttes d'eau salée. Elle voudrait envoyer chier cette Mère supérieure, mais elle se retrouverait encore la coupable, la méchante, l'incomprise... c'est l'âge qui veut ça. À vingt ans on n'a jamais raison.

Un étudiant : « Je n'ai jamais eu un seul cours qui a su susciter mon intérêt pour plus d'une dizaine de minutes. » Un autre : « Jamais depuis treize ans quelqu'un m'avait demandé ce que je pensais. » Un autre : « Je pense que l'école ne m'aime pas, mais c'est réciproque. Je ne suis pas capable de rester deux heures de suite sur une chaise pour écouter un gardien ou pour essayer de mémoriser mes notes de cours. » Une étudiante : « Tous mes amis détestent l'école. » Une autre : « L'école ressemble à un tombeau dans lequel je suis condamnée à rester plusieurs heures par jour. » Une autre : « Imaginez, la moitié de ma vie sera gaspillée par les études. Je ne vois vraiment pas pourquoi on nous inflige cette punition. » Le prof entre dans la classe. Les élèves sont assis aux tables placées en rangées. L'horloge indique l'heure. Le prof croit qu'il n'a qu'à parler pour que tout soit en ordre ; il ne regarde pas les élèves, fixe un point par-dessus leurs têtes. Les élèves prennent des notes pour empêcher ses propos de se transformer dans leur esprit, il y a ainsi un durcissement des propos du prof : appelons-les crottes de discours magistral – elles vont lui être resservies dans les contrôles, les examens. Le prof ne voit pas le ventre qui a faim, les jambes mortes sous les chaises, le corps qui a sommeil, celle qui regarde au creux de sa main pour échapper à l'angoisse, celui qui a envie de tout démolir, celle qui a peur d'être questionnée, celui qui désire embrasser les cheveux roux de la fille devant lui. Les cours sont finis. Je suis resté à mon bureau, la porte fermée, pour avancer mes corrections. J'entends les pas, les voix de deux étudiants, on frappe à une porte. Il y en a un qui se met à crier « ces hosties-là », à donner des coups de poing dans les portes. Je ne bouge pas, je suis surpris par cette violence. Comment pourrait-il en être autrement. Ces propos, ces images me hantent. Une école qui enseigne la haine, l'indifférence, la rature de soi, qui veut y aller. Ça me tue que l'école oppresse tant de jeunes.

Je ne pense pas grand bien des profs qui ne luttent pas contre l'école-contrôle. Kierkegaard dans son journal : « Il viendra certainement un temps où ce concept, le professeur, n'aura plus cours que comme personnage comique. » Plus de cent cinquante ans après, les professeurs existent toujours, continuent de professer conscients et fiers de leur autorité. Cioran : « On ne saurait trop blâmer le XIXᵉ siècle d'avoir favorisé cette engeance de glossateurs, ces machines à lire, cette malformation de l'esprit qu'incarne le Professeur, – symbole du déclin d'une civilisation, de l'avilissement du goût, de la suprématie du labeur sur le caprice. Voir tout de l'extérieur, systématiser l'ineffable, ne regarder rien en face, faire l'inventaire des vues des autres !... » (*Syllogismes de l'amertume.*) Qui va apprendre aux profs à cesser de professer.

> *Hier, une femme a tué ses trois enfants et ensuite s'est suicidée.*
> *Aujourd'hui, quatre policiers sont tués au Texas.*
> *Demain, un adolescent sera trouvé mort dans son garage.*
> *Pourquoi ? Pourquoi ?*
> *Et on nous dit : « C'est la vie. »*
> *Connerie ! Mensonge !*

29

As-tu déjà remarqué comme mon ventre se gonfle quand j'ai mal, quand j'ai peur ? Pour rappeler à mes mains qu'il est là, qu'il est chaud, avec son nombril comme cachette secrète.

Il frémit aussi, dès qu'une main s'approche. Il n'est jamais rassasié et inviterait tout le monde, comme à une fête, sous le chandail. Peut-être parce qu'il est toujours dans le noir.

Mon ventre n'est pas sérieux. Il faut que tu saches qu'il ne connaît pas encore les vraies responsabilités, ni les caresses des gros ventres, ni le vide, ni la peau flétrie. Mais il sait.

Maintenant c'est un ventre pour jouer, pour crier, pour gémir, pour ronronner. Un ventre qui attend.

Laurent Igno, les douze dernières années de son enseignement, commençait toujours son cours de la même façon, peu importe celui qui lui était attribué. À cette première rencontre, il parlait soixante-quinze minutes, prévenait les élèves que ce serait la seule fois qu'il parlerait autant, que dans tous les autres cours ce serait chacun d'eux qui aurait la parole, que chacun aurait une part équivalente de parole, lui il parlerait peu, se contentant d'intervenir quand il ne comprendrait pas, serait surpris ou éveillé par ce qu'un tel, une telle auraient dit. Les vingt-cinq dernières minutes, il demandait aux élèves d'écrire neuf phrases libres ; quelques-uns les écrivaient rapidement et s'en allaient, un ou deux restaient jusqu'à la fin ne réussissant pas à écrire neuf phrases indépendantes – Laurent les rassurait : il allait se contenter de ce qu'ils avaient écrit. Voici ce qui arrivait dans les premières minutes. « Je vais vous lire deux textes que je lis toujours au début d'un cours. Le premier est un long poème d'une jardinière américaine que j'ai traduit, "Le petit garçon" de Helen E. Buckley. » Quelques élèves se regardaient, se demandant quelle espèce de zigoto peut bien commencer un cours en lisant un long poème sur un petit garçon. Laurent commençait à lire avec une voix plutôt basse, ni lentement ni rapidement. Dans ce poème, il y a un petit garçon qui a d'abord une maîtresse qui demande aux enfants de faire les choses exactement comme elle le leur montre :

> Le petit garçon a examiné la fleur de la maîtresse.
> Ensuite il a examiné ses fleurs.
> Il aimait plus *ses* fleurs que celle de la maîtresse.
> Mais il ne l'a pas dit,
> Il a seulement retourné sa feuille
> Et a fait une fleur comme celle de la maîtresse.
> Elle était rouge, avec une tige verte.

Puis, comme ses parents déménagent dans une autre ville, il a une nouvelle maîtresse qui laisse

libres les enfants de dessiner comme ils en ont
envie :

> Si tout le monde faisait le même dessin,
> Et utilisait les mêmes couleurs,
> Comment je saurais qui a fait quoi,
> Et lequel est lequel ?

« J'aimerais bien ressembler à la deuxième
maîtresse. Le second texte est tiré d'un livre de
Toshihiko Izutsu, *Le kôan zen*. Le zen peut se
définir assez simplement, il suffit de lire à l'envers le mot : le zen, c'est le nez, c'est l'air qui entre par le nez quand on fait zazen, va en nous et
en ressort, c'est le va-et-vient de l'air en nous
quand nous sommes assis tranquillement sur le
sol en ne pensant à rien, en laissant nos pensées
passer comme les nuages dans le ciel. Je vais
vous montrer. » Il s'assoyait sur un pupitre en
Sauvage. « Vous vous assoyez ainsi trente minutes en regardant devant vous. Vous mettez un
coussin sous vos fesses pour que vos genoux touchent par terre. Vous êtes un petit triangle reposant sur le sol. Vous ne pouvez imaginer quelle
jouissance c'est de n'être rien d'autre qu'un petit
courant d'air qui descend et monte en vous, vous
êtes une petite colonne d'air, vous vous aérez,
vous n'êtes plus rien d'autre que de la matière
parmi la matière, vous n'avez plus de problèmes
d'identité, vous êtes le monde entier. Cela m'a
pris deux ans avant d'être capable de faire zazen
chaque matin, de ne pas me trouver idiot de
m'asseoir ainsi devant une plinthe blanche : je
devenais la plinthe, elle entrait en moi et moi en
elle, il n'y avait plus de séparation. Là devant
moi il y a un tableau vert, si je le regarde tranquillement sans rien vouloir je vais entrer en lui
et lui en moi, nous serons pure énergie. J'ai un
peu la même jouissance à faire la feuille pliée
avant et après zazen. Vous vous pliez en trois
sur le sol : vos fesses et cuisses sur vos talons et

jambes, votre tronc sur vos cuisses, votre tête au sol devant vos genoux, les bras rejetés en arrière de chaque côté de vous. Je ne connais pas de meilleure façon pour se consoler d'une peine d'amour : vous vous embrassez de partout. Vous qui êtes souvent des spécialistes en peines d'amour, vous auriez intérêt à vous plier en trois. Voilà pour le zen, quant au kôan c'est une méthode utilisée par les maîtres zen pour arriver à l'illumination ; le kôan est souvent une question insolite à laquelle on réfléchit parfois pendant des années, la réponse devant donner l'illumination – exemple : quel est le bruit que fait une main qui applaudit. Mais c'est aussi parfois un geste, comme dans l'histoire que je vais vous lire, qui provoque l'illumination. » Il lisait l'histoire d'un maître chinois qui, ayant appris que son élève répète dans son dos le même geste que lui, lever un doigt en silence, pour expliquer ce qu'est l'essence du zen, le fait venir et, quand l'élève lève son doigt pour répondre à la question, il lui saisit le doigt et le tranche avec le couteau qu'il avait caché dans sa manche. « Rassurez-vous, je n'ai pas de couteau dissimulé, mais j'aimerais bien que vous connaissiez l'illumination. L'illumination dans un cours de littérature, c'est trouver une écriture qui nous fait mieux respirer, fait sentir que nous sommes liés au monde entier, à chacun de ses éléments. Nous n'écrivons plus pour le professeur, nous ne suivons plus ses consignes, nous tentons des expériences pour trouver une écriture qui aère notre corps, notre intelligence, notre cœur. » Ensuite il distribuait le plan de cours et commençait à commenter les citations qui s'y trouvaient, il y en avait une vingtaine.

Elle est la première à m'apprendre à ne pas dire « je t'aime ». Elle m'enseigne la sagesse d'attendre que la divine phrase émane d'elle-

même, qu'elle transpire de nous, qu'elle soit hors de tout doute. Car l'amour, me dit-elle, se doit d'être sans équivoque pour qu'on puisse le croire à l'épreuve du temps.

30
Tu m'entends-tu le p'tit ? T'es-tu vraiment là ?
Couche ta moitié d'oreille sur la paroi de sang...
et promets-moi
Promets-moi de fuguer de temps en temps.
Promets-moi de voler des friandises et de te salir souvent.
Promets-moi de rire des grands, de crier fort et de rire tout l'temps.
Promets-moi d'être désobéissant, d'arracher tes gales avec tes dents.
Jure-moi que tu feras du patin à roulettes dans un champ de boue et que tu iras après te saucer dans la piscine du voisin...

La première citation du plan de cours de Laurent Igno, sa préférée, était tirée du *Ruban au cou d'Olympia* de Michel Leiris :

Bonjour,
bonne année,
bonne chance,
bon courage,
bon appétit,
bonne route !

Que la parole te revienne, à toi que le mutisme étouffe !
[...]
Que la table sur laquelle s'ouvre ton cahier devienne l'esquif de planches mû par une voile où le vent souffle !
[...]

Que la lampe qui t'éclaire t'apprenne à ne plus
être un feu avare !

Pendant qu'il la commentait, il faisait circuler une reproduction de la toile de Manet.
« Quand Leiris regarde la toile de Manet, ce qu'il
retient c'est le ruban noir à son cou ; si à la fin
du cours je demandais à chacun le détail qui
l'a frappé, il y aurait sûrement plein de réponses différentes – un cours de littérature met l'ac-
cent sur nos différences. Leiris est un écrivain
français que j'ai lu au début de la vingtaine, je
n'ai jamais oublié la préface à son livre *L'âge
d'homme* que j'avais acheté dans l'édition du
Livre de Poche à cause de l'illustration de la
couverture : une femme nue sous un léger voile
tient dans une main une grande épée et dans l'autre la tête tranchée d'un homme. Dans cette préface intitulée "De la littérature considérée comme
une tauromachie", Leiris dit qu'il faut écrire
comme le torero descend dans l'arène, il faut
risquer notre vie – j'aime écrire un texte qui me
met mal à l'aise, où je risque ma peau, je n'aime
pas les textes confortables qui ne dérangent
rien. Si vous êtes capables de risquer votre peau,
il y a de fortes chances qu'il se passe quelque
chose de neuf dans vos textes, que vos textes
bouleversent nos représentations habituelles.
« "Bonjour", c'est ce que j'aurais dû vous
dire en entrant. C'est un beau mot, mais c'est
souvent un mot usé, on marche dans le couloir,
on rencontre quelqu'un qu'on connaît, on lui
dit bonjour sans trop y penser, il arrive même
qu'on dise bonjour pour se débarrasser de l'autre à qui on ne veut pas parler, mais si nous disons vraiment bonjour à l'autre que l'on rencontre, si on lui souhaite un bon jour, je suis
persuadé qu'il va lui arriver dans la journée
plein de bonnes choses, je vous dis donc bonjour.

« "Bonne année", l'année sera courte pour nous, nous n'avons que quatre mois à travailler ensemble, alors que ce qu'il faudrait c'est travailler ensemble quatre fois quatre mois pour que chacun ait la possibilité de développer ses forces, que tout ne soit pas à recommencer avec d'autres profs, d'autres élèves – il est vrai que qui ne m'aimerait pas trouverait le temps long, il faudrait pouvoir nous choisir, travailler ensemble longtemps pour pouvoir creuser nos chemins, ne pas nous éparpiller inutilement.

« "Bonne chance", il n'y a pas de trajet sûr pour arriver à une écriture qui vous donne du plaisir, vous apprenne quelque chose, je ne suis peut-être pas le prof qui fera jaillir en vous la première étincelle mais j'espère que quelqu'un dans la classe fera quelque chose qui vous permettra d'entrevoir votre chemin. Je vous souhaite bonne chance ; si cette chance n'arrive pas dans ce cours, ne désespérez pas, elle finira bien par arriver dans un autre cours, une autre activité.

« "Bon courage", courage c'est un mot que j'aime parce qu'il en contient deux autres : il faut avoir de la rage en soi pour créer, si vous aimez le monde tel qu'il est vous ne pourrez pas créer, vous n'aurez pas envie de transformer ce monde où vous êtes bien, créer c'est souvent au commencement détruire le monde que nous n'aimons pas, une fois ça fait nous pouvons commencer à construire ; il y a aussi cou, j'aime quand ma femme m'embrasse dans le cou, pourtant elle ne le fait pas souvent et je n'ose pas le lui demander, le cou c'est aussi une partie du corps que j'aime parce que c'est à la fois doux et dur, j'aime les choses qui ont en elles des qualités opposées, c'est pourquoi je préfère les hommes-femmes, les femmes-hommes aux hommes-hommes, aux femmes-femmes.

« "Bon appétit", j'imagine que le cours est une tarte, j'aimerais que chacun en ait une part, qu'il la trouve bonne ; chaque fois que je lis ces deux mots, je pense à une amie de ma fille qui était anorexique, qui a frôlé la mort – j'imagine que les anorexiques ne peuvent plus avaler le monde, c'est pourquoi elles se font vomir, vomir c'est leur façon de créer, de se débarrasser de tout ce qu'elles ont sur le cœur, moi quand ça ne va pas, j'ai plutôt tendance à manger plus, à remplir le creux qui me fait mal.

« "Bonne route", aujourd'hui chacun part d'un point, si après quatre mois ensemble vous en êtes toujours au même point, le cours va avoir été une perte de temps, nous n'aurons fait que piétiner, mais si vous êtes à un autre point, le cours aura été un vrai travail, vous aurez bougé, vous aurez essayé un pas ou des pas pour trouver votre route. Ne pas oublier que nos échecs sont aussi des pas : ils nous font comprendre que tel chemin pour nous est une impasse.

« "Que la parole te revienne, à toi que le mutisme étouffe !" Voilà ce que je vous souhaite dans ce cours : l'école est trop souvent un lieu où nous apprenons à nous taire, à obéir servilement. Je n'aime pas l'école, pourtant j'enseigne. J'aimerais que notre école ne soit pas scolaire mais buissonnière. Quelqu'un a écrit, il y a quelques années, sur un mur du collège, en grosses lettres : À L'ÉCOLE ON APPREND À SE TAIRE. Je n'ai pas oublié cette phrase.

« "Que la table sur laquelle s'ouvre ton cahier devienne l'esquif de planches mû par une voile où le vent souffle !" Avez-vous remarqué que cette phrase est plus ample comme si Leiris gonflait la voile de la phrase. Mais ce qui m'intéresse surtout c'est l'image qu'elle contient. Qu'est-ce qui arrive : Leiris est assis à sa table, il écrit dans un cahier et tout à coup sa table est la mer, son cahier une embarcation, son esprit le vent qui souffle. C'est ça une image : associer un élément *a* et un élément *b*, plus le rapprochement est neuf et pertinent, plus l'image est forte, plus elle rafraîchit notre esprit. Une image neuve, c'est le contraire d'un cliché, d'une image usée – associer les larmes et la pluie n'a rien de neuf. Un bon texte, c'est souvent une ou deux images neuves.

« "Que la lampe qui t'éclaire t'apprenne à ne plus être un feu avare !" Je suis avare et ça m'écœure, j'aimerais ne pas calculer, comme ma femme être généreux. Comment se fait-il que les femmes sont souvent plus généreuses, que les hommes sont souvent plus près de leurs sous. Être généreux dans le cours, c'est parler, risquer nos paroles, dire ce qu'on pense, ne pas garder pour soi ce qu'on pense vraiment ; si nous sommes capables d'offrir aux autres nos paroles, le cours sera vivant, si nous sommes avares, il va être ennuyeux. J'aimerais que nous soyons des lampes les uns pour les autres. Les lampes me font capoter. Quand je suis triste, que je suis au fond de l'étang de tristesse, je n'ai qu'à imaginer une lampe allumée à une fenêtre la nuit ; tranquillement je me rapproche de sa lumière, je sors de la tristesse que j'avais laissée m'engloutir. »

Je me demande ce que ça goûte une goutte d'eau. Pas n'importe laquelle, une goutte d'eau qu'on trouve sur son chemin comme la mienne. Ce facteur doit dépendre de la surface d'où elle s'écoule. La mienne doit être salée. Sa vision m'apparaît salée.

Oui. C'est plutôt rare que je m'arrête à contempler et à analyser de telles choses. À vrai dire, c'est plutôt rare que je pleure.

31

Je décide de jouer le grand jeu... Ma tête bascule, je feins le sommeil. Innocente, j'ouvre mes bras et frôle son ventre. Mon corps s'éveille, s'étire, s'endimanche, séduit. Enjôleurs, mes reins se mettent à chanter, faisant jaillir mes seins qui rigolent déjà à l'idée de la fête qui se prépare.

L'école-contrôle valorise la pensée rationnelle, fait l'éloge de la précision, de la clarté, de la cohérence. Les films pornographiques montrent en gros plans des pénis, des vulves, des fellations, des cunnilingus, des pénétrations. Grosses têtes rationnelles, gros sexes jouisseurs. Des jeunes sont assis en classe, ils ont une tête et un sexe – qu'en font-ils, que désirent-ils en faire. L'école veut-elle en faire de grosses têtes transparentes alors qu'ils rêvent d'être des gros sexes actifs. S'épuisent-ils des deux manières, se désespèrent-ils. Les significations véhiculées par l'école-contrôle ne sont-elles pas souvent ennuyeuses parce que trop éloignées des rythmes premiers de la vie. Vous lisez un livre qui va loin en vous, vous avez l'impression d'être dans un milieu où tout bouge, fermente, pousse, jaillit, crie, chante, force, se repose. Vous êtes en classe à écouter les règles de la dissertation : ça vous ennuie, vous trouvez ça bête. L'œuvre forte ressemble à une étreinte, la dissertation à un mécanisme stérile. L'école-contrôle est le triomphe de l'explication, de la définition qui détruisent, masquent l'espace premier de l'atelier où ont lieu les rêveries, les essais, les découvertes, les attentes, les longues marches, les explosions. L'école-atelier est le lieu des commencements. L'école-contrôle est le lieu des résumés fades que des hommes, des femmes s'épuisent à rendre intéressants. Il y a un enfant quand il y a rencontre de deux sexes – chaque enfant est deux. Il y a amour quand il y a rencontre de deux coresprits, reconnaissance de l'élan de chacun. L'école qui vous place en rangées ne favorise pas les rencontres, elle favorise la guerre : vous êtes des soldats en marche vers les diplômes – les officiers passent régulièrement pour vous contrôler : vos habits sont-ils propres, vos armes sont-elles bien entretenues. L'école qui se transforme en atelier favorise les rencontres, la pollinisation, la multiplication des intelligences. L'école-contrôle est une marche forcée, tout est prévu, il n'y a que d'ennuyeuses besognes à faire pour réussir ; à l'école-atelier vous ne savez pas ce qui va arriver, rien n'est prévu, il y a parfois de l'ennui, on attend on ne sait quoi, mais il y a de temps en temps des rencontres qui vous illuminent, des travaux qui vous passionnent parce que vous les avez choisis, qu'ils correspondent à votre intérêt. À l'école-contrôle vous sentez parfois la rage monter en vous tant on passe à côté de la vie, tant on l'estropie souvent. Au milieu de l'école-atelier vous pouvez tout sentir, vous avez le droit de sentir : la paix, la faim, l'assouvissement, le chant, le silence, la peur, le ravissement, le désespoir, l'enchantement, le frottement des coresprits, la tristesse, la joie. À l'école-atelier vous participez au jeu de la création ; à l'école-contrôle vous suivez les règlements de la caserne. L'une est source, l'autre torpeur. L'école-contrôle abrutit les jeunes en leur apprenant la résignation, l'indifférence, la détresse, l'enfermement ; elle tue leur appétit de vivre, d'apprendre, d'agir, de se lier. Cette catastrophe quotidienne, les bulletins de nouvelles ne la montrent que très rarement – ne sont intéressantes que les nouvelles catastrophes. Si les écoles-contrôles étaient transformées en écoles-ateliers, celles-ci ne seraient plus fréquentées seulement par les enfants des familles qui en ont les moyens intellectuels et financiers ; tous les jeunes y viendraient, ils y perdraient moins leur temps, auraient plus de chances de découvrir le plaisir de l'étude, le goût du travail.

Mon ami est pompier, ce sont les pompiers qui détachent les pendus des ponts. Ils sont

lourds et très raides. Le cou s'étire et devient
très long, leur langue épaissit et devient bleutée.
Le premier pendu que mon ami a détaché avait
seize ans... et avait les deux poings liés dans son
dos.

32

Elle décroise ses jambes bien repliées sous la
chaise et entreprend de les recroiser. Le bout de
son pied gauche, chaussé, heurte la patte du
pupitre. Le professeur parle, Sophie étouffe une
plainte. Le professeur gesticule, on se tait quand
on est bien éduqué.

Le pied de Sophie enfle dans le soulier trop
petit. Elle souffre. « Le professeur est devant,
comme dans toutes les classes, et moi, je suis as-
sise à un pupitre trop petit, avec des chaussures
trop petites. »

Kierkegaard dans son journal à l'été 1840 : « Je
vis sur la route d'Aarhus un spectacle plus que
cocasse : deux vaches attachées ensemble passè-
rent au petit galop devant nous, l'une était em-
ballée et de la queue décrivait des moulinets de
génie, l'autre était, semble-t-il, plus prosaïque et
tout à fait désespérée de devoir participer aux
mêmes mouvements. – N'est-ce pas l'agencement de la majorité des mariages ? » C'est aussi
souvent l'agencement d'un prof et d'une classe :
le professeur de philosophie dans *Passe ton bac*
d'abord de Maurice Pialat et le groupe d'élèves
qui l'écoutent ressemblent à ces deux vaches. Le
prof parle tranquillement, avec aisance, en se
promenant entre les rangées d'élèves ; on sent
qu'il dit la même chose chaque début de session,
il paraît gentil, parle de « désapprendre » alors
que la plupart des élèves ne savent probable-
ment pas encore ce qu'est apprendre. Voilà les
deux vitesses : l'un répète ses « moulinets de
génie », les autres sont dégoûtés dès le départ de

devoir le suivre, l'un déballe son discours avec plaisir, les autres ont hâte de sortir, de ne plus l'entendre faire le malin tout seul. Que faire. Le prof se tairait, écouterait les attentes et les non-attentes des élèves, serait capable de s'étonner de leurs paroles, encouragerait le balbutie-ment des commencements, des premiers con-tacts. Mais comment le prof peut-il balbutier s'il est depuis des années le répétiteur habile d'un savoir clos. Les premières images du film de Pia-lat sont éloquentes : alors que nous entendons le discours du prof de philo, il nous donne à voir le dessus des tables des élèves, bourré de graf-fitis – bien sûr le prof n'a pas d'yeux pour ces éclats de paroles d'élèves, il ne lit que Platon et compagnie. Ce prof de philo quand il monolo-gue devant la classe le fait avec beaucoup d'ai-sance alors que, lorsqu'il rencontre une étu-diante qui veut lui parler, il a moins d'aisance, paraît timide, sa parole est hésitante ; comme ce serait bon qu'il ait la même timidité en classe, qu'il parle avec moins de certitude, qu'il ne donne pas l'impression qu'il a toujours les mots justes. Ce prof pourrait-il comprendre que la timidité peut être une vertu : « Avec étonnement, nous nous apercevons que, adultes, nous n'avons pas perdu notre ancienne timidité vis-à-vis d'au-trui ; la vie ne nous a aidés en rien à nous libé-rer de la timidité. Nous sommes encore timides. Seulement, cela nous est égal : il nous semble avoir conquis le droit d'être timides : nous som-mes timides sans timidité : audacieusement timides. Timidement nous cherchons en nous les mots justes. » (Natalia Ginzburg, *Les petites ver-tus.*) Si le prof cesse de parler seul, de cacher sa timidité derrière un discours habile, la révèle en prenant conscience que l'autre est autre en écoutant les élèves, sa parole ne fera plus de moulinets de génie, elle va se tisser tantôt avec bonheur, tantôt avec difficulté aux paroles des élèves ; s'il n'est pas sot, il va sentir comment cette parole timide qui échange avec les autres est plus nourrissante qu'un monologue brillant qui prétend apprendre aux autres quoi.

Je m'amuse beaucoup avec elle. Elle épouse la forme que je lui donne sans maugréer, elle obéit et se livre aux plus extravagants caprices de ma langue. Je la mords, je la suce, je pétris ses formes comme le boulanger façonne sa pâte à pain, elle est mon objet de fantaisie. J'aspire tout le jus que je peux tirer des pores de sa peau pulpeuse, je la vide de toute sa jeunesse, je la tue à petit feu.

33

C. s'en va à l'école, comme Malbrook irait en guerre. Mironton, mironton, mirontaine. C. pourtant ne possède pas de char d'assaut. Son armure n'est pas au point : C. n'a pas la carapace rigide. La guerre de C., c'est la vie. La vie de C., c'est la vie de tous, toute la vie, la vie de la vie, de la jeunesse de C.

L'école avale C. Elle l'engloutit et C. est heureuse d'y flotter sur son nuage comme l'autre aurait trôné dans son tank.

Des professeurs disent qu'ils refusent de remplacer les parents que les élèves n'ont pas, qu'ils sont payés pour être des professeurs, pas des pères ou des mères. Il ne s'agit pas d'être des parents mais des individus qui ne se limitent pas à un rôle, qui font passer toute leur vie à travers leur enseignement. Chaque fois que quelqu'un me parle avec toute sa vie, il rend la mienne plus claire, plus forte. Il n'y a peut-être que ça à enseigner : l'engagement. C'est ce que font chacun à leur façon George Caldwell dans *Le centaure* de John Updike et Phèdre dans *Traité du zen et de l'entretien des motocyclettes*. Le premier parle à un élève : « Les auteurs de la Constitution, expliqua-t-il, ont décidé dans leur sagesse que les enfants étaient une charge trop lourde pour leurs parents. Ils ont donc créé des prisons baptisées écoles, pourvues de tortures baptisées éducation. Le lycée est l'endroit où vous allez entre le moment où vos parents ne peuvent plus vous supporter et celui où l'industrie pourra vous utiliser. On me paie pour être le gardien de ceux pour lesquels la société n'a pas d'emploi : les paralytiques, les boiteux, les fous, les ignorants. La seule raison que je puisse vous donner de vous soumettre est la suivante : si vous ne donnez pas un coup de collier pour apprendre quelque chose, vous serez aussi stupide que je le suis, et réduit à enseigner pour vivre. » Le second réfléchit, se parle à lui-même : « À l'école, on apprend à imiter. Pour avoir de bonnes notes il faut imiter le professeur. À l'université, le procédé est un peu plus subtil : on est censé imiter le professeur, tout en le persuadant qu'on ne l'imite pas, mais qu'on a saisi la quintessence de son enseignement. En procédant ainsi, on est sûr d'avoir la meilleure note, tandis que l'originalité peut vous faire stagner en queue de classe. Tout le système des notes défavorise la recherche originale. » Caldwell enseigne les sciences naturelles dans une école secondaire ; il pose des questions faisant appel presque uniquement à la mémorisation pour aider les élèves à répondre aux questions sottes des examens finals ; il voudrait que les élèves l'écoutent quand il donne son cours mais comme il est gentil avec eux ils chahutent souvent : ils savent qu'il les excusera mais lui s'épuise. Il aime sa matière, la connaît bien, mais ne paraît pas comprendre qu'un adolescent en a ras le bol des exposés magistraux. Phèdre est un professeur de littérature ; quand il arrive en classe il ne dit rien, il attend que le silence se fasse, puis il commence à parler. Ce n'est pas un répétiteur comme Caldwell mais un homme en quête d'une réponse impossible : il veut expliquer avec les outils de la raison la qualité des œuvres esthétiques, il se heurte aux professeurs d'université incapables de comprendre sa recherche. Les élèves l'écoutent, sentent bien qu'il est possédé par sa quête ; c'est un questionneur qu'on craint un peu, qu'on trouve étrange.

J'aime Caldwell pour sa bienveillance totale à l'égard de chaque élève, Phèdre pour son refus des pensées toutes faites, pour sa quête, les deux pour la franchise de leur parole. Les deux s'épuisent : l'un à cause de la discipline, l'autre à cause de l'hostilité des universitaires. Les deux ont un fils qui les préoccupe : le fils de Caldwell rêve d'être Vermeer, le fils de Phèdre est enfermé en lui-même – voici ce que Phèdre dit à un couple d'amis pour expliquer son refus d'envoyer son fils chez un psychiatre : « J'ai peur que les psychiatres ne soient pas gentils avec Chris. Ils ne sont pas de la famille. Comment pourraient-ils être gentils ? On met ce mot-là à toutes les sauces, aujourd'hui. Autrefois, cela avait un sens. On naissait "gentilhomme". Maintenant, c'est une attitude qu'on prend – comme les professeurs le jour de la rentrée des classes. Ils s'efforcent d'être gentils, sympas. Mais, pour les élèves, ils restent des étrangers. Ils ne sont pas de la famille. Les psychiatres non plus. Ils s'efforcent de jouer au père – mais ils ne *sont* pas le père. » La question du père me hante depuis mon adolescence ; je ne me souviens plus comment cela a commencé, je me souviens avoir écrit à mon père des lettres à ce sujet. J'ai toujours pris un malin plaisir à faire rimer famille et famine alors que j'ai eu une famille qui m'a soutenu. Je suis un père qui n'a pas joué au père, n'y joue toujours pas : je me contente d'écouter mes enfants quand ils me parlent, de leur dire le plus justement possible ce que je pense – à eux d'en faire ce qu'ils veulent. Il me semble que je n'ai pas fait autrement avec les étudiants quand j'ai cessé de jouer au professeur sévère qui maîtrise un savoir. Je ne veux pas jouer un rôle, je veux mettre ma vie en jeu dans chaque geste. Ai-je été un prof gentil. Sans doute, mais il m'est arrivé, il m'arrive d'avoir une franchise un peu abrupte qui bouscule l'autre. J'ai blessé ainsi des élèves malgré moi : chaque fois que je l'ai su, je me suis excusé. Mes enfants, mes élèves – *mes* indique la reconnaissance d'un lien –, je les ai traités avec la même franchise, celle de l'amitié qui sait dire « je t'aime » et « je ne vois pas du tout les choses comme toi ». Qu'est-ce qu'être amis sinon être tous et toutes des pères et des mères les uns pour les autres, nous prodiguer bienveillance et écoute, enterrer surveillance et colère.

Son agenda est le seul livre auquel il a vraiment déjà porté attention. Il y écrit tout ce qu'il a à faire et le consulte sans arrêt. Pour sa fête cette année, il n'a pas reçu de cravate, mais un roman. Il l'ouvre et y lit des nouveaux mots comme « fantaisie », « extravagance », « sensualité », il les cherche dans le dictionnaire et les trouve beaux. Ce soir il a jeté son agenda à la poubelle, s'est couché et a dormi comme un bébé car il ne sait pas ce qui est au programme demain.

34
Il me prit dans ses bras et me déposa sur le lit, me donnant un bec sur la bouche. Puis, en trente secondes, il releva et dégrafa ma robe, écarta mes jambes et me pénétra violemment en écrasant tout son poids sur moi. Il n'avait même pas pris la peine d'ôter ma petite culotte. Il me maintenait fortement et me regardait d'une façon dominatrice et s'excitait en voyant mes

larmes couler. Je n'étais pas lubrifiée et ça faisait très mal.

N'as-tu jamais eu envie de baiser une de tes étudiantes comme on le raconte de certains profs d'université. Ça faisait longtemps que Philippe retenait cette question. C'est curieux que tu me demandes cela aujourd'hui parce qu'il y a quelques jours j'ai lu avec plaisir *Voilà un baiser* d'Anne Perry-Bouquet, un roman par lettres entre un adolescent et une adolescente de quinze ans. François Gilles dit à Juliette Dorothée : « Faut pas dire je t'embrasse mais voilà un baiser » – cela m'a frappé parce que souvent je finis mes lettres à une amie ou un ami proches par « je t'embrasse » alors que je les embrasse rarement. J'ai bien aimé ces lettres naïves ; certains baisers-effleurements sont aussi bons que l'étreinte sexuelle, donnent autant de joie, nous ne les oublions pas. Je n'ai jamais « baisé » avec une étudiante et je ne pense pas l'avoir vraiment désiré, simplement parce que je suis marié à une femme que cela chavirerait, démolirait comme la plupart des femmes, parce que je pense que l'étreinte sexuelle a des racines obscures qu'on ne peut pas ignorer longtemps. Ne me demande pas ce que j'entends par racines obscures, je ne le sais guère moi-même, mais je sens que pénétrer une femme engage dans une intimité que je me sens incapable d'avoir avec plus d'une femme : il me semble que je serais écartelé, égaré, perdu si j'avais une maîtresse, un peu comme le héros de Rosamond Lehmann dans *Le jour enseveli* – une maîtresse est peut-être toujours la sœur de notre femme. Je n'ai pas couché avec des étudiantes mais j'aime leur présence dans une classe ; les filles écoutent plus longtemps quelqu'un avant de le rejeter, elles sont plus prêtes à échanger, plus conscientes de l'importance de la parole. Les gars donnent l'impression qu'ils ont presque décidé de ne pas écouter comme s'ils ne faisaient pas confiance à la parole ; ils sentent peut-être qu'elle est souvent mensongère, inutile, égoïste, alors ils préfèrent ne pas parler, laisser les autres s'embourber dans leurs discours : filles, parents, profs, grandes gueules. Je dirais qu'en classe je jouis tranquillement de la différence sexuelle parce que je suis sans désir sexuel : les filles ne sont pas à convoiter mais à écouter – peut-être que je les écoute avec plus d'attention que les gars parce qu'elles éveillent en moi une féminité que j'ai longtemps refoulée : jeune j'étais misogyne dans mes propos comme beaucoup d'hommes de ma génération. Je pense à cette parenthèse de Gilles Hénault dans *À l'inconnue nue* : « Qui dit oui le dit avec tout son corps sinon ce n'est rien » – si une fille attache de l'importance à la parole, c'est donc tout son corps que j'entends, qu'elle me donne à sentir. Quelques étudiantes sont devenues des amies ; ces amitiés sont peut-être le plus beau cadeau que m'a donné l'enseignement – les amitiés avec des étudiants ont été plus rares, la plupart du temps moins fortes, moins durables : y a-t-il une rivalité souterraine de la part du jeune homme qui empêche l'intimité de se déployer paisiblement avec l'homme pomme mûre.

On dit toujours seul, seul avec qui ? Soi-même ou quelqu'un d'autre ? C'est difficile de s'imaginer avec quelqu'un d'autre dans son coin que personne ne voit. Ça se peut sûrement, mais ça ne m'est jamais arrivé. Il faudrait que j'en parle à quelqu'un pour savoir, mais pas maintenant, je suis occupé. Occupé à penser dans mon coin tranquille, un peu trop tranquille.

35
Un billet de train, elle n'en a pas besoin, elle se trouve déjà à la tête du train : il file à toute

*allure. Elle n'est pas encore très loin, mais déjà
elle sent qu'elle a bonne tête. Elle est partie pour
faire le point avec elle-même, pour savoir qui
elle est. Ce n'est pas simple de faire ça, il n'y a
pas de méthode pour s'apprendre. Elle s'est
cassé la tête longtemps : elle a trouvé. Elle part
toute seule, en tête-à-tête avec elle-même. Elle
veut vivre le genre de tête-à-tête où l'on demeure assis en face de l'autre, où on l'écoute, où
on apprend à le connaître.*

Laurent Igno a neuf pseudonymes – il aime le
chiffre neuf, y voit le neuf de la fraîcheur,
de l'inouï, des pousses neuves, de l'inattendu :
Pierre Lefeu, Sylvain Deschamps, Philippe Mendiant, Jacques Lentille, Mathieu Tournesol, Thomas Persienne, Nicolas Louvert, Charles Grisé,
François Lampe. Chacun s'adonne à un enseignement : Pierre Lefeu apprend à tout brûler
pour construire à neuf, c'est la table rase – il
aime se promener dans les terrains vagues ; Sylvain Deschamps enseigne à semer, planter, ré-
colter – on le voit souvent près d'un étang au
Jardin botanique, un élève l'a surpris en train de
parler à un arbre au tronc multiple ; Philippe
Mendiant fait tourner les tables vers les fenê-
tres, il cherche la lumière – fasciné par la roue
de la naissance et de la mort, il emmène de temps
en temps les élèves à la pouponnière, au cime-
tière, pour sentir la vie ; Jacques Lentille étudie
les flocons de neige et la profondeur de la nuit,
c'est un homme lent toujours en train de recom-
mander la patience ; Mathieu Tournesol a le goût
de la polémique : il écoute un élève parler, lui
demande s'il a tout dit, s'il ne veut pas ajouter
quelque chose, quand l'élève a tout dit, ajouté
ce qu'il voulait, il entreprend de soutenir la position inverse, fait mine d'être étonné de la pensée
de l'autre comme si elle était une incongruité ;
Thomas Persienne invite les élèves à réfléchir à

la force des secrets et à la solidité des chaises – dans sa classe on joue à colin-maillard, on écrit de petits textes simples et énigmatiques ; Nicolas Louvert commence toujours son cours en demandant aux élèves de s'asseoir au sol en silence pendant trente minutes : comme c'est un spécialiste des yeux des animaux vertébrés, les élèves font zazen par couple, chacun posant ses yeux au milieu des yeux de l'autre ; Charles Grisé aime jouer du violoncelle ou du piano sans l'avoir appris, raconte des histoires de jouissance, de séduction, de folie – comme il ne se prend pas au sérieux, on lui pardonne de passer tant de temps à lire des romans d'amour ; François Lampe, qui ne se sépare pas de son parapluie, enseigne à veiller, à penser par soi-même – la plupart de ses phrases contiennent au moins un peut-être. Quand un élève demande à Laurent pourquoi il a besoin de tant de pseudonymes, il se contente de dire qu'une identité, ce n'est pas assez, qu'il mourrait d'ennui s'il était toujours le même.

Je ne peux pas être parfaitement prêt pour tout à la fois. Je le sais et je stresse. Ils testent la capacité de notre disque dur. Ils se foutent pas mal de ce qu'on comprend ou de ce qu'on ne comprend pas. Celui qui sait tout par cœur et qui va l'oublier dans trois semaines est meilleur que celui qui comprend tout en général parce que c'est ce qu'ils veulent qu'on fasse. Ils nous éduquent de façon à ce que l'on soit formé pour apprendre et désapprendre autant de fois qu'ils le veulent.

36
Un matin, j'avais beau faire toutes les pièces de la maison, personne. Mon ami était parti sans laisser de note, comme un voleur. J'étais désemparée. J'ai fait le tour de la maison cent

fois. J'ai sonné à toutes les maisons de la rue pour demander si quelqu'un l'avait vu : rien. Où était-il ? Pourquoi m'avait-il abandonnée ?

Les professeurs aiment enseigner, faire autorité, faire jouer leur savoir ; ils vantent l'école, méprisent les élèves souvent sans en prendre conscience. Les maîtres n'aiment pas enseigner : ils savent que « Tout ce qui peut s'enseigner ne vaut pas la peine d'être appris » (proverbe chinois cité par Gustave Thibon dans *L'ignorance étoilée*) ; ils n'ont pas besoin d'enseigner, ils ne protesteraient pas si on supprimait les écoles, ils ont besoin d'apprendre, de poursuivre leur quête. Ce que pense une fille de seize ans quand elle regarde son enseignante dans *Une année dans la vie de Gesine Cresspahl* d'Uwe Johnson : « Quoi qu'il en soit, nous questionner sur notre obéissance, notre patience, cette Pédagogue Nouvelle se l'était interdit elle-même. Nous, lui dire quelque chose, quelle sottise. Nous nous montrions d'une politesse outrancière pendant ses cours, ils étaient d'un calme absolu, et soporifiques. Et c'est alors que j'ai formé le souhait de ne jamais avoir à être enseignante [...]. Car après trois de ces cours sans contradiction, sans dialogue, je me serais déjà sauvée de la classe en larmes. Cependant elle tenait bon. » Je connais deux jeunes femmes qui n'auraient pas laissé les élèves être écrasés par le savoir ; elles y ont renoncé à cause de toutes les méthodologies abrutissantes auxquelles elles devaient se soumettre, auxquelles vraisemblablement on leur aurait demandé de soumettre leurs élèves – elles ressemblent à la Mary Garth de *Middlemarch* de George Eliot : « J'ai essayé d'être institutrice, mais je ne suis pas faite pour cela : j'ai l'esprit trop indépendant. »
    Qui donc aujourd'hui désire enseigner, exercer ce pouvoir soporifique. Les premiers de classe

qui jouent des méthodologies avec virtuosité ou les reproduisent bien – c'était mon cas : je n'étais pas un virtuose mais j'étais appliqué, j'obéissais aux consignes –, les beaux parleurs qui aiment séduire par leur parole, ceux qui aiment exercer un pouvoir, ceux qui aiment l'été – aujourd'hui je ferais plus confiance à cette dernière catégorie. Laurent Igno aimait dire aux élèves : « J'ai quelque chose d'important à vous enseigner » et il écrivait en même temps au tableau : « Je n'ai rien à vous enseigner. » Tout peut nous enseigner, tout peut nous être leçon, la plupart des individus que nous rencontrons seraient heureux de nous apprendre ce qu'ils aiment, les employeurs sont intéressés à bien nous montrer ce qu'ils attendent de nous.

On devrait choisir comme enseignants des femmes, des hommes engagés dans leur matière, qui connaissent plusieurs portes pour y entrer, qui la connaissent de première main, par la pratique, qui ne craignent pas de partager avec les élèves ce qu'ils y ont trouvé, ne cherchent pas à les convaincre de quoi que ce soit, se contentent de témoigner de leur apprentissage, les invitent à s'engager à leur tour, à trouver leur chemin. Agir ainsi n'est guère possible, car ce serait presque fermer la porte aux jeunes qui souvent sont heureux de se réfugier derrière un programme, un manuel – ne faudrait-il pas que des profs expérimentés leur montrent la nocivité des manuels qui enferment la pensée alors que les œuvres créatrices ne sont qu'une expression de la vie que nous sommes libres d'accepter ou de refuser. L'école des manuels qui uniformisent les cheminements des élèves est une école qui prive chaque élève de ses forces ; la justifier au nom d'une évaluation équivalente est une fausse justice, une justice mutilante. L'évaluation ne posait pas de problèmes à Laurent Igno : avec tous ceux, toutes celles qui essayaient de faire un pas en avant pour s'approprier leur parole, il était généreux, il les encourageait, trouvait dans leurs travaux ce qui méritait d'être poussé plus loin ; il s'opposait à la concurrence, à la course aux premières places, encourageait la coopération, il soutenait que tout le monde est égal chaque individu étant unique.

Je déteste le navet
Je déteste les perruches
Je déteste ma vie
Je déteste mon passé gaspillé
Je déteste mon père absent
Je déteste ma société individualiste
Je déteste l'hypocrisie
Je déteste ce qui est faux
Je déteste mon avenir vide
Je déteste
Je déteste détester

37
Il est assis en face de moi. Je me sens si pai-
sible avec lui. Il est simple, pas très instruit, une
logique attendrissante brille dans ses yeux bleus.
Il est attentif à tout ce que je dis. C'est avec lui
que je peux être moi-même, avec lui que j'ap-
prends à me connaître. Il me rend si intéres-
sante, si intelligente que je ne veux plus le quit-
ter. Mes amies me demandent parfois pourquoi
je suis encore avec un personnage aussi simple,
aussi ordinaire, il ne va plus à l'école, il travaille
de ses mains. Il n'a pas besoin de se prouver par
ce qu'il sait, de se montrer différent par sa cul-
ture, c'est son cœur et son âme qui le rendent si
extraordinaire.

L'enseignement est un métier difficile, usant : avoir cent nouvelles paires d'yeux sur soi cha-que session, cent têtes différentes dans sa tête, cent corps qui sont forcés d'être là, se laisser brûler par ces différences, résister à l'uniformisation vers laquelle tendent les directives des programmes. Est-ce moins difficile si l'enseignant est une machine bien huilée qui répète toujours le même discours, exige des élèves d'être à leur tour des machines qui fonctionnent bien : sans doute, mais comment vivre dans une telle absence de jeu, dans une telle planification où les vraies paroles ne jaillissent jamais – plusieurs y arrivent : ils ne connaissent pas d'autres possibles ou ils veulent se protéger. Enseigner en demandant à chaque élève de trouver ses forces est épuisant quand il y a beaucoup d'élèves : comment être attentif à cent cheminements différents en quatre mois. J'ai enseigné ainsi : avec cent nouvelles têtes dans la mienne deux fois par année – je me brûlais le cerveau chaque fois : je préférais être brûlé plutôt que de tenir un discours de maîtrise, j'avais du plaisir à dire ce qui me brûlait la tête, le cœur, le corps. Je suis pour l'école de la brûlure. J'ai toujours rêvé d'avoir seulement une dizaine d'élèves avec qui j'aurais travaillé non pas une session mais quatre sessions : ils m'auraient choisi et je les aurais choisis. Quand je commençais à sentir la singularité de la plupart des élèves, la session était finie, le cheminement était interrompu ; ils devraient sans doute se plier à la session suivante à une pédagogie qui rature la singularité – le bourgeon au lieu de devenir une fleur allait peut-être retourner à l'état de graine.

Le grand nombre d'élèves crée aussi des difficultés du côté des élèves. Apprendre dans une classe de quarante élèves, c'est nécessairement avoir moins d'attention de la part du prof s'il pratique le cours magistral – la même information pour tous alors que chacun est différent – et connaître l'ennui si le prof n'est pas une voix au travail, si son discours est celui d'un répétiteur. Pour contrer cela j'ai aboli les exposés théoriques, les cours magistraux, je les ai remplacés par des tables rondes, des ateliers, des séminaires où chaque élève a une responsabilité, est actif. Diviser ainsi le groupe de plusieurs façons permet de multiplier des rencontres différentes entre les élèves, de leur donner des périodes libres – il n'y a que moi qui n'en ai pas –, cela me permet de les rencontrer par petites équipes, de m'asseoir à côté de chaque élève. Quand on parle à tout un groupe, il est facile de prendre la voie autoritaire, mais quand je suis coude à coude avec quelques élèves, c'est beaucoup moins possible à moins de ne pas les écouter. Les écouter m'a fait perdre ma voix autoritaire, ma voix est devenue timide : j'ai senti que la seule chose à faire, c'était de respecter chaque voix, que chaque voix demandait à être entendue, reconnue. Mais il y a des collèges qui forcent les élèves à être présents à toutes les heures de cours, qui tiennent à ce que la plupart des élèves n'aient presque pas de chances d'être écoutés ; des profs de ces collèges parleraient sans doute comme Annie Leclerc dans *Origines* : « L'idéal eût été sans doute de laisser naître leurs questions, de les accompagner sur la voie de leur propre quête, soulignant les embûches qu'ils auraient rencontrées, analysant les impasses dans lesquelles ils se seraient laissé prendre, retraçant parfois le chemin qu'ils auraient déjà parcouru afin qu'ils s'y engagent plus joyeusement encore sans jamais les y devancer... Oui, je sais. Mais ils étaient si nombreux et le temps pressait tant... » J'en ai rencontré de ces profs qui m'enviaient de faire ce que je faisais, de ne pas avoir été forcé d'asservir les élèves.

Laurent Igno pense qu'il ne serait plus capable d'être l'élève de cinq, six ou sept professeurs en même temps ; son esprit ne pourrait plus se plier de sept façons différentes. Il lui arrive de penser que, si les élèves avaient moins de profs, ils seraient plus intelligents, leur cerveau serait moins malmené, ils pourraient plus facilement entrer en dialogue avec chaque prof et affirmer tranquillement leur singularité.

C'est aujourd'hui dimanche, je viens de découvrir la voie grise, celle de l'incertitude. C'est une route de brouillard où on ne peut avancer que par tâtonnements. Je préfère cette route à celle d'hier, celle des idées inculquées. Sur la voie du gris-brouillard, je dois me tenir constamment sur mes gardes, je dois faire attention de ne pas basculer. C'est un chemin où on ne peut avancer qu'à coups d'efforts et de patience.

38

La nervosité me faisait rigoler, ce n'était pourtant pas drôle, c'était sérieux, c'était la première fois qu'on se dévoilait l'un à l'autre. Il était beau, souriant timidement, incertain des gestes à poser. Je le regardais, il m'épatait, il s'avançait doucement malgré ses craintes, ses doutes. Tout doucement il s'exécutait, il avait l'air d'un gros nounours, tout gentil, confortable. Il était mon ourson, chaud, poilu, douillet car il était grassouillet. Ses mains massives de mécanicien me caressaient.

Laurent Igno fait l'amour de temps en temps avec une jardinière qui aime l'école-atelier. Elle accepterait de faire l'amour plus souvent s'il riait plus, s'il cessait de parler contre l'école-contrôle – elle comprend sa rage contre elle mais trouve que c'est une perte de temps, qu'il vaudrait mieux qu'il se contente de décrire sa classe-atelier, qu'on devrait surtout parler de ce qu'on aime –, s'il passait moins de temps dans son atelier de lecture-écriture, s'il faisait plus d'activités avec elle. Laurent allait rarement la voir dans sa classe ; chaque fois il était ravi, jaloux. Tous ces enfants, qui tournaient autour d'elle, se collaient à elle, l'appelaient par son prénom de leur voix affamée d'attention, de tendresse – il y en a un la dernière année qui voulait, une fois grand, se marier avec elle. Pâquerette, Pâquerette, Pâquerette ! Ces enfants avaient de la chance d'être accueillis à l'école par une petite fleur. Il regardait tous ces enfants en activité, travaillant seul ou à deux ou trois, s'entraidant, regardant ce que les amis faisaient, disant c'est beau ou qu'est-ce que c'est ou c'est pourquoi ça ou es-tu mon ami. Le programme était invisible, la jardinière ne paraissait que suivre les intérêts des enfants : ils choisissaient des thèmes, elle leur proposait des activités pour les explorer – elle disait qu'il fallait « savoir se retourner sur un dix cents », c'était sa façon de dire qu'il fallait faire flèche de tout bois apporté par les enfants. Toutes ces couleurs ! Ces dessins et ces objets faits par les enfants, exposés sur les murs, les tables, les bords de fenêtre font de la classe un grand atelier collectif. « Les crayons sont de petites branches d'imagination qui, posées entre les mains d'un enfant, recréent le monde entier. » Laurent avait copié cette phrase d'une étudiante pour sa compagne, il savait qu'elle lui ferait plaisir.

Chaque fois qu'il allait à la maternelle, il recevait un coup de bonheur et retournait enseigner dans une classe pas à lui, pas aux élèves, un local neutre à personne, sans couleurs, une classe pas attirante avec des rangées de petites tables : heureusement que ces dernières n'étaient pas vissées au plancher, qu'on pouvait créer de petits îlots, des circonférences pour écouter la parole de chacun – pas d'autres couleurs que celles des voix singulières. La solitude. Comme elle touchait Laurent. La solitude de chaque voix. Laurent, qui ne croyait pas à la solitude – il soutenait que c'était un concept sans aucun fondement dans le réel parce qu'il y avait dans chaque individu tant de femmes et d'hommes, à commencer par une mère et un père –, était souvent ému par ces jeunes qui sentaient que leur voix ne serait jamais entendue, que, comme l'école, le monde du travail briserait leurs ailes, leurs rêves, leur idéal. Comme il n'aimait pas l'école-contrôle, l'école pas drôle, il luttait sans cesse contre tout ce qui la rappelait dans sa classe : pas de rangées, pas d'examens, de contrôles incessants des connaissances, pas de manuels qui vous asservissent, pas de prof sur l'estrade qui joue au maître du savoir, non rien de ça, le maximum d'échanges tranquilles, de textes libres, le moins possible de travaux obligatoires – ceux prescrits par le programme : analyses de textes ou dissertations – pour permettre à chacun, chacune d'entendre sa voix, de naître à son rythme. Sa classe était la fête des voix, c'est pourquoi la plupart y venaient avec plaisir : ils apprenaient à s'écouter. Lui aussi y venait avec plaisir, mais plus il vieillissait, plus leurs paroles allaient loin en lui et il sentait comment l'école n'aimait pas les jeunes, comment elle les fatiguait inutilement. « Elle est assise, elle respire tranquillement, elle pense. Elle pense à pourquoi elle est là, à pourquoi elle existe, elle ne trouve pas d'explication, de toute façon, elle est là, c'est tout et elle respire en étant consciente qu'elle crèvera un jour, pis elle s'en fout. Elle est fatiguée, elle veut que tout soit simple, alors elle ne veut qu'être assise et respirer. Un jour, elle s'éteindra et elle ne respirera plus. » Ces mots d'une étudiante à la dernière session ne cessent de s'imprimer dans sa tête.

Bien sûr, toutes les Questions ne sont pas dangereuses au même titre. Certaines même sont anodines et se contentent de réponses simples tels « oui » ou « non ». D'autres sont plus oppressives comme celles que l'on retrouve dans les examens, dans la bouche du maître ou d'un prof. La plupart du temps, ces Questions attendent une seule et unique réponse, sans variante possible. Vous devez penser comme la Question pour lui fournir la Réponse qu'elle désire, sa bien-aimée. C'est à cause de cette Question, celle-là qui connaît la Réponse mais qui veut vous la faire dire, que je déteste tant l'école. On ne veut pas savoir ce que vous en pensez, on veut savoir ce que vous n'avez pas pensé.

39
*Entends-tu le brin d'herbe virevolter au vent ?
Entends-tu la fourmi construire son nid ?
Entends-tu l'abeille qui récolte son pollen ?*

*Entends-tu le savon glisser sur ta peau ?
Entends-tu les larmes glisser sur tes joues ?
Entends-tu l'aiguille qui transperce ta peau ?*

Écoute avec ton cœur et tu entendras...

La séduction qui éveille au lieu de capturer : l'attente, la suspension de la voix, la parole à voix basse, la simplicité audacieuse, la question qui se transforme en étonnement, le dialogue intime plutôt que le débat, le rire retenu, le débordement imprévu, l'alliance inattendue entre des pensées. Laurent Igno se demande ce que Charles Grisé pense de la séduction de la parole au milieu d'une classe, il pense à un passage du « Journal d'un enseignant » dans *Les anges distraits* de Pasolini : « Je me souviens des premières heures de classe [...] durant lesquelles je commençais déjà à manœuvrer astucieusement mon naïf enthousiasme, faisant de l'"émotion" une sorte de figure de rhétorique d'une espèce nouvelle, avec laquelle je minais mon discours de pauses, d'admirations, d'exclamations secrètes. Il en émanait un ton de scandale tranquille, de révélation, qui provoquait chez l'enfant un état de curiosité pour tout ce que je disais. Mon émotion se communiquait aux élèves, qui goûtèrent pour la première fois la saveur ambiguë de l'ironie et, en même temps, la crédibilité des faits et des déductions serrées. » Laurent s'est toujours méfié de l'ironie ; il y sent comme une blessure secrète sous une apparence de force, la brillance de l'esprit critique ne l'attire pas, justement à cause de cette blessure qu'il ne peut s'empêcher de flairer : pourquoi le monde ne correspond-il pas à ma pensée. Il préfère sa naïveté à l'ironie, elle lui paraît plus respectueuse de l'intelligence des élèves et de la convivialité ; qui pratique l'ironie s'élève au-dessus de ce qu'il juge, qui pratique la naïveté dit voilà ce que je pense, ce n'est peut-être pas très critique, c'est peut-être un peu simple, mais c'est ce que je sens. Laurent tout à coup réalise que son rejet de l'ironie vient aussi d'une blessure : quand il avait vingt ans, un prof d'université avait lu en classe des passages de sa dissertation en s'en moquant finement, quelques élèves avaient ri, lui avait été humilié et il ne comprenait pas l'ironie du savant professeur : ce qu'il avait écrit comptait pour lui, sinon il ne l'aurait pas écrit. Il n'a jamais oublié ce petit sourire qui déchiquetait son texte et a veillé à ne pas ridiculiser ses élèves.

La plupart des profs se demandent ce qu'ils vont dire, parfois comment, ils ne se demandent pas pourquoi le prof doit parler. S'ils le faisaient, verraient-ils qu'il y a beaucoup d'avantages à ne pas parler : vous ne forcez pas les élèves à vous écouter, la parole de chaque élève peut apparaître, vous n'avez plus à persuader, à expliquer, vous êtes un coresprit parmi d'autres, vous avez le temps de sentir et voir les élèves, vous avez du plaisir à être un corps tranquille parmi d'autres, il n'y a plus la fatigue de parler toujours, d'être le grand émetteur, finie la tension quand vous vous rendez compte que ce que vous dites ennuie souverainement quelques élèves, vous n'êtes plus qu'un compagnon, que c'est bon d'être un compagnon plutôt qu'un commandant, vous n'avez plus à capter l'attention, chacun parle librement et, si quelques-uns vous interpellent, après tout vous êtes le prof, vous répondez non comme celui qui a la vérité mais comme celui qui témoigne de son expérience. Quelle tristesse que tous ces profs qui s'en vont en classe en sentant déjà toute la lassitude qu'il y a à devoir parler parce qu'ils sont les profs, à discourir pour remplir les heures du cours ; ils s'usent, s'assèchent, apportez-leur un verre d'eau, ce sont des étireurs de théories, d'explications, d'informations, alors que les élèves préféreraient qu'ils se taisent, dites-leur que vous n'aimez pas les longs discours.

Laurent ne donnait pas de leçons, il se contentait de tourner autour de quelques énigmes, de réfléchir à quelques gestes simples. Le goût de l'ignorance. Quel plaisir qu'un prof qui ne sait pas, vous écoute pour vous apprendre que vous existez, que vous êtes différent et semblable. S'il n'avait pas écouté les élèves, il se serait senti supérieur comme tant de profs qui répètent le même discours : comme ils se trouvent habiles de démêler ce qu'ils démêlent toujours de la même façon depuis des années, comme ils trouvent les élèves lents à en faire autant. Comme tant de profs qui oublient que ça fait vingt ou trente ans qu'ils avalent des livres alors que leurs élèves lisent seulement depuis quelques années.

Ne pas vouloir donner quelque chose, convaincre de quelque chose, seulement dire voilà comment je me tiens, ce qui m'aide à vivre, comment je m'effondre, ce qui me tue. Quand je veux donner quelque chose, pense Laurent, la déception et l'amertume sont presque assurées. Quand je donne sans savoir ce que je donne, il y a de temps en temps de belles surprises : quelqu'un vient vers moi librement me rencontrer, quelqu'un qui a senti que je le respecterais, ne le forcerais à rien, que c'est à chaque individu de déterminer les règles de son individualité. Ce qui m'aide à croître : la lenteur, la patience, l'austérité, la réflexion, le poème, la bonté. Ce qui me défait : les suicides à n'importe quel âge parce qu'on n'a pas été écouté, la concurrence, la misère d'un grand nombre, la rareté de l'amour.

En roulant avec ma bicyclette, j'amène le jour. Peu à peu, le ciel devient plus clair et aussi il devient de plus en plus bleu. Je sais que ce sera une belle journée ensoleillée. Je vois le soleil se pointer à l'horizon. C'est moi qui en ce moment amène le jour. Plus je roule, plus il y a de l'activité dans la ville, comme si j'éveillais les gens en passant calmement et pourtant sans faire de bruit avec mon bolide à deux roues.

40
Si tu confonds ton corps avec ton âme, c'est que tu es amoureux.

Être en amour veut dire confondre les jours avec les nuits, marcher avec des ailes parmi le monde, vivre avec le cœur nu, ignorer le temps et sa mesure, contempler le monde du plus haut sommet, oublier la mort et la tristesse, voir la mer avec des roses, écouter sa voix dans d'autres bouches.

Être en amour veut dire confondre le mien avec le tien.

Si j'aime l'école, c'est parce qu'elle est un lieu où « penser ce hiatus entre la naissance de chacun et l'héritage de presque tous » (Robert Hébert,

L'homme habite aussi les franges). Je ne suis pas près d'oublier la singulière image d'un étudiant qui me paraissait un peu plus vieux que les autres à ma dernière session d'enseignement : « L'école ou l'étude. Bien que ces mots n'aient pas de visage, ni bras pour me bercer ni bouche pour me chanter une chanson le soir, il n'en reste pas moins que ce sont les noms de mes véritables parents. » Comment ne pas reconnaître que, pour certains enfants, certains adolescents, l'école apporte un air neuf grâce à quelques profs qui les sauvent de l'air étouffant de leur famille, de leur milieu. Soudain ils réalisent qu'il y a d'autres façons de penser, de vivre et cela les sauve : ils ne souffrent plus de leur différence, de leur étrangeté par rapport aux leurs. Mon père ne jurait que par l'histoire, ne faisait pas confiance à la littérature ; j'ai découvert la littérature à l'école – quelle aurait été ma vie sans tous ces poèmes, tous ces romans dont les mots m'habitent, m'inventent. Non je ne veux pas brûler l'école, je désire seulement qu'il y ait le moins d'écoles-contrôles possible, le plus d'écoles-ateliers possible. À l'université je n'ai guère aimé les cours, mais j'ai découvert des livres qui m'ont aidé à vivre : le professeur est insipide mais l'auteur qu'il vous donne à lire vous renverse. Parce que j'ai été à l'école, je vais lirécrire jusqu'à ma mort, je n'ai plus seulement une famille biologique, j'ai aussi une famille d'esprits : tous ces écrivains, tous ces penseurs qui ont défendu leur singularité et la solidarité entre les êtres. Lirécrire, c'est ma façon d'étudier la vie, ma vie, de tendre « la peau du rêve » (Anne Élaine Cliche, *La pisseuse*). Cet héritage, il n'y en a pas beaucoup qui le reçoivent à l'école-contrôle parce que pour le recevoir il faut naître à son *je*, oser dire *je* et que l'école apprend généralement à raturer le *je* par l'impersonnel des manuels, de leurs exercices. L'école la plupart du temps ne laisse dans notre tête que des croûtes de savoir qui tombent peu à peu au fil des ans. Ce n'est pas vrai que nous apprenons à apprendre, à étudier à l'école-contrôle. Nous apprenons seulement à être soumis, nous apprenons que, des individus qui parlent vraiment, il n'y en a pas beaucoup parmi les profs, pauvres pantins d'un savoir sans racines. Chaque État dépense des millions pour enfermer les jeunes dans des écoles-contrôles. Pourquoi.

J'ai envie...
    D'arracher du gazon pour en faire une tarte
    De me baigner dans le fleuve Saint-Laurent
    De me mutiler
J'ai envie...
    De bercer un enfant
    De faire un vol de banque
    De conduire un char
J'ai envie...
    De voler
    D'aimer
    De faire un film pornographique

41

Quand l'amour me fait signe maintenant, je le suis bien que ses chemins soient durs et escarpés. Et lorsque ses ailes m'emportent, je lui cède, malgré que le poignard qu'il cache sous son manteau puisse me blesser. Lorsqu'il me parle, c'est plus fort que moi, je crois en lui, même si sa voix peut briser mes rêves comme un verre de cristal qui tombe par terre et se brise en mille morceaux. Avec le temps, j'ai appris qu'il faut aimer sans condition.

Histoire de la grande adolescence : amour – trouverai-je un compagnon, une compagne –, solitude – où sont les vrais amis –, révolte – l'argent mène le monde, nous sommes ses esclaves, toujours la guerre, nous ne sommes pas assez intelligents pour vivre en paix –, crainte – y a-t-il une place pour moi dans le monde, l'autre que j'aime va-t-il m'aimer toute la vie –, tentation de l'évasion – alcool, drogue, sexe –, envie de partir – voyage, aide humanitaire –, dégoût de l'école – pas de liberté, anonymat, savoir coupé de la vie –, lutte ou résignation entre idéalisme et cynisme – une étudiante au premier cours : « Je ne pense plus merveilleusement comme avant et je ne rêve presque plus. » Laurent disait : je ne sais pas ce qu'est un adolescent, une adolescente, je n'ai jamais été jeune. C'est peut-être pour ça que j'aime les jeunes, leurs élans, moi j'ai plutôt des élancements, des petites choses qui me font mal si je bouge trop. Il me semble que j'ai été vieux dès mon enfance : j'étais un petit adulte obéissant que ses parents et ses enseignants aimaient, je les écoutais et eux n'avaient pas besoin de m'écouter puisque je n'avais rien à dire, à enfanter.

Une jeune femme, debout au coin d'une rue, embrasse un jeune homme ; le baiser n'est ni léger ni époustouflant, il est une porte qu'on ferme bien et qui, lorsqu'on l'ouvre à nouveau, laisse sentir la fraîcheur de l'amour. Laurent a envie de demander à la jeune femme de l'embrasser pour sentir sa vie et la griserie de l'amour. Une autre, assise sur un banc de parc, tient serrée entre ses mains la tête d'un jeune homme, l'embrasse en pressant fortement sa bouche sur la sienne – Laurent sourit, pense à ce proverbe trouvé dans la Bible dont il a comparé deux traductions :

Il donne un baiser sur les lèvres,
celui qui répond franchement.

C'est embrasser les lèvres
que de répondre juste.

Une étudiante dans un texte de création : « Amuse-toi à découvrir mes fesses pâles. » Une autre : « Quand je ne suis pas assez près d'un homme pour pouvoir mettre mon oreille sur son cœur et l'entendre battre, on dirait que ça me rassure de pouvoir regarder les veines de ses mains. » Laurent pense que les jeunes préfèrent avec raison la chaleur des corps à la froideur de la plupart des cours ; dans sa classe les corps étaient bien, les esprits lançaient parfois de petites flammes chaudes.

Laurent jeune n'avait jamais eu envie de partir, ne connaissait qu'un élève qui en avait envie, alors que dans ses classes il y avait pas mal de jeunes qui voulaient partir : « Quitter ce qu'on connaît trop bien, ce qui a cessé d'être une provocation, rester curieux de soi-même en des circonstances nouvelles. » (Christa Wolf, *Christa T.*) Il n'a jamais eu envie de voyager ; vite il a commencé à creuser sous ses pieds, dans sa tête, il s'est enfoui dans les livres-voix pour entrevoir ici et là quelques lueurs qui lui suggèrent comment jouir de la vie ordinaire, de la vie quotidienne, de la vie qu'il a reçue, de la vie ici et maintenant. Sa rue, sa ruelle, sa ville sont le monde entier, c'est un voyageur immobile.

*Tout seul je ne sais pas
regarder le ciel, je ne sais
pas ce qu'est le ciel. Tout
seul, le ciel n'est qu'une
vaste intention, très triste
je pense à cela
avec une main d'enfant
dans la mienne*

42
*Ma vie est une roche jaune.
Chaque jour, la même chose.
Je suis une roche.
Je suis immobile, sans fonction, sans métier.
Ma Réalité, étudier.*

Mon but, performer.
Je ne bouge pas
Mais je suis heureuse
Et éclatante
Tel un soleil
Un soleil jaune.

Je feuillette l'agenda illustré de l'Unicef consa-
cré cette année à l'éducation, il y a presque
dans chaque image un livre : l'éducation semble passer d'abord par le livre, ce sol où le maître
et l'élève peuvent se rencontrer. Deux images
m'attirent : *Age Teaching Youth* de William
Blake – un homme âgé donne à lire un grand
livre à un enfant pendant qu'une grande adolescente en robe fleurie, assise par terre, écrit
un texte sur ses genoux –, *Bambina con libro e
pappagallo* d'Ivan Kramskoï – une fille d'une
dizaine d'années assise dans un fauteuil tient
dans la main gauche un perroquet à qui elle
donne à lire le livre qu'elle tient dans la droite.
Dans l'aquarelle de Blake me touche que lire et
écrire soient représentés ensemble, dans la toile de Kramskoï que la jeune fille soit assez
espiègle pour faire apprendre sa leçon par un
perroquet. Le livre que donne à lire l'homme
âgé et le livre que fixe le perroquet représen-
tent pour moi les deux grands types de livres :
les livres-voix et les manuels scolaires, les paroles libres et les résumés de savoirs. Depuis
que j'ai découvert les livres-voix, je ne cesse
d'en ouvrir des nouveaux, c'est mon oxygène
quotidien ; les manuels ne m'attirent plus
– j'en avais plusieurs jeune prof –, je ne suis
plus intéressé à savoir comment on découpe la
matière, je n'ai plus de goût pour les traités, les
panoramas. Ce que j'aime, c'est sentir comment
pour un homme ou une femme les éléments de
cette matière tiennent ensemble, je veux sentir
une bouche tout près de mon oreille – tout

passe par l'individu créateur, par la porte qu'il m'ouvre.

À l'automne 2001, pour accompagner ma fille partie étudier à l'Université de Lancaster en Angleterre, j'ai décidé de lire, à raison d'un volume par mois, *Les enchantements de Glastonbury* de John Cowper Powys ; j'avais acheté la première édition en quatre volumes à cause d'une recommandation de Victor-Lévy Beaulieu et du mot « enchantements » – enfant je n'avais pas lu de contes de fées. J'ai tellement aimé cette expérience – j'avais l'impression de vivre dans deux mondes, j'étais à Montréal mais une heure par jour j'étais à Glastonbury – que je l'ai poursuivie en m'attaquant à de longues œuvres. Pourquoi cette image guerrière alors que les batailles ne m'attirent plus – jeune j'ai aimé la polémique –, qu'elles m'apparaissent inutiles, nocives même, en retardant une meilleure compréhension par des oppositions souvent factices. La longue œuvre est-elle une montagne à gravir, la masse de pages demande-t-elle plus d'énergie. Je ne le pense pas, je suis même près de penser l'inverse. La longue œuvre, je m'y attache de plus en plus chaque jour, j'ai plaisir à y avancer lentement. Lire quelqu'un à raison d'une dizaine de pages par jour pendant quelques mois, c'est se faire le cadeau d'un enseignement-infusion. Ces longues marches où la voix de l'autre est une présence familière, il me semble que je vais les continuer jusqu'à ma mort.

Je n'aime pas et je ne veux pas aimer. Je traite les hommes comme des objets de consommation. Je vis comme dans un vidéoclip où on prend ce qu'on veut à un rythme infernal qui ne laisse pas le moindre répit pour penser, dans l'incohérence et l'absurdité la plus totale. Je ne suis que votre reflet, le reflet d'une société désabusée, instable et essoufflée.

43

Dans mon personnage de geisha, je m'évente doucement caressant de l'autre main la douce soie de ma robe. C'est alors que surgit devant moi un pommier : il semble vigoureux malgré les béquilles qui le retiennent, il dégage une certaine sagesse malgré sa jeunesse évidente. On se met alors à discuter de tout et de rien, la gêne s'envolant malgré la méconnaissance de l'autre. Durant un bref instant de silence, il courbe son tronc, abaisse son feuillage et dépose sur mes lèvres un baiser qui a la fraîcheur de l'été.

Quelques notes du grand cahier noir de Laurent Igno qui lui sert de journal de travail, de journal intime, de journal de bord. On y trouve des images collées, des dessins.

C'était une contrée bizarre : il n'y avait pas d'écoles. Mais partout dans le pays on trouvait des ponts de bois jaunes de toutes dimensions, quelques-uns enjambaient des cours d'eau, mais d'autres étaient au milieu des champs, des bois ou par-dessus des maisons, des routes. Sur ces ponts des individus se rencontraient, la plupart du temps ils n'étaient que deux, rarement plus de quatre ou cinq ; tout laisse croire que c'est là qu'ils échangeaient leurs savoirs et leurs ignorances en se tenant les mains, en regardant tranquillement l'autre, parfois en étant comme absents.

Je me baignais dans une piscine hors terre, je pivotais sur moi-même lentement, jouissant de la fraîcheur de l'eau, de son enveloppe mouillée. Peut-être à cause du courant produit par mon mouvement ou du début prochain de l'école sont arrivées en moi trois rivières. La première est celle de la naissance et de la mort, la deuxième de la femme et de l'homme, la troisième de la nature et de la culture : les trois forment le fleuve de la vie. Tout poème dit ça à qui a les oreilles ouvertes, non encombrées d'idées jamais éprouvées.

Il m'arrive de chanter, je ne sais pas trop pourquoi cela arrive et j'ai accepté de vous enseigner le chant. J'ai accepté parce que je ne sais pas comment le chant arrive ; il y en a qui savent comment faire chanter, qui enferment le chant dans leur idée du chant, quelques-uns trouvent ce chant beau, pas moi, il est trop parfait, trop égal à lui-même, moi je préfère les chants qui ont de la difficulté à chanter, qui chantent imparfaitement. Tous les chants me font plaisir : les petits, les moyens, les grands. Un jour le chant est arrivé en moi parce que je me suis abandonné.

Propos et gestes de Thomas Persienne à une lecture publique de poèmes. « Je n'aime pas généralement écouter les poètes lire leurs poèmes, je préfère qu'ils lisent les poèmes des autres qui les ont ravis, transformés. Pourquoi condamner un cuisinier à manger devant vous le plat qu'il vient de mitonner. Il m'arrive de lire de mes poèmes quand j'ai perdu mon chemin, mais les lire devant d'autres, je trouve ça un peu comique. » Il s'est arrêté de parler, a délacé ses souliers, les a enlevés, ses chaussettes aussi. « Un poème, c'est exactement ça : se mettre nu-pieds. Voilà ce que je vous propose : nous allons nous asseoir par terre l'un devant l'autre pieds nus, nous collerons nos pieds, ce sera notre façon de nous embrasser, d'être plus intimes, de sentir le cœur de l'autre. » Les auditeurs ne bougeaient pas, lui les regardait, puis une femme avec pas mal de cheveux gris s'est avancée devant lui, a enlevé ses sandales, s'est assise par terre, a posé à côté d'elle un livre tout fatigué, j'ai noté le titre, *Les poèmes du piéton* de Jaime Sabines – je suis toujours curieux de savoir ce qu'un ou une autre peut lire avec tant d'intérêt.

Garder le secret, en protéger la source. Arriver là où nous sommes. Quelle école sait faire pousser la pulsion amoureuse, la méditation tranquille, la quête du secret. Qui m'a appris la pénétration, la présence, le cheminement patient, l'illumination, l'invention.

L'école est une armoire dans laquelle nous rangeons les jeunes pour qu'ils et elles ne sachent pas ce qu'est la jeunesse, l'élan, l'étude, la création, pour qu'ils apprennent à demeurer rangés, indifférents, sans appétit, tristes, séparés de leurs forces vives. Les pommiers en fleurs sont interdits à l'école : on n'aime pas les pommes, on préfère les règlements, les programmes, les diplômes.

J'ai beaucoup lu, écouté, vu, jusqu'à disparaître, n'être plus personne, être tous ceux, toutes celles qui m'ont traversé.

Construire des ponts pour aller d'une île à l'autre. Entretenir des feux. Connaître le plaisir d'être à côté d'un autre, d'une autre, de partager avec lui, avec elle. L'école des ponts jaunes existe-t-elle ailleurs que dans mon esprit. J'apprends quelque chose chaque fois que je bâtis un pont.

« Coucou je suis là, regarde-moi », dit une fillette cachée derrière un arbuste en pot à sa mère qui regarde la télévision. Quel élève ose dire au prof « regarde-moi ». Les élèves ne sont pas cachés, ils sont alignés en rangées, les profs ne les voient pas – que voient-ils donc.

Vous découvrez un bel étang, vous le montrez à deux ou trois amis, pas plus. Si vous êtes assez sot pour en indiquer le chemin à la foule, ne pensez plus revoir l'étang où vous étiez si bien, si tranquille, où la lumière, l'air, l'eau paraissaient vous caresser. Contentez-vous d'inviter ceux que vous rencontrez à trouver un lieu où ils sentent leurs forces comme nulle part ailleurs.

Ne pas être un professionnel de l'enseignement, ne pas cesser d'être un débutant : que chaque fois soit la première, que le monde soit toujours vert.

Un élève m'a remis un poème intitulé « Le paresseux » : les vers sont simples, légers, ils ont « le visage du bonheur » ; quand j'apprends onze ans après que c'est un plagiat du poème de Prévert « Le cancre », je me mets à rire en dedans. Il y avait sans doute trop longtemps que j'avais lu *Paroles* pour reconnaître le vol de l'élève. Je ne lui aurais pas mis zéro comme les règlements du collège le demandent ; je l'aurais félicité de son travail : l'ajout d'un mot, le remplacement de deux autres, le déplacement de quelques vers et de quelques mots, l'honnêteté du nouveau titre. Mais j'aurais ajouté ceci : tu es un misérable cancre, je te permets d'écrire librement, de courir après ta voix et voilà que tu copies, que tu préfères à ta voix celle d'un autre.

Le plaisir d'entrer dans une classe où les élèves sont heureux, le prof-paon ne le connaît pas, le prof-devoir non plus, il n'y a que le prof qui ne veut pas être prof qui le connaît, le prof effacé, celui qui attend la vie, l'espère, l'appelle.

Un jour, j'ai voulu voler. Tout le monde m'a dit que je ne pourrais pas. Étant têtu, j'ai quand même essayé. J'ai réussi. Ils ne savaient pas… ils n'avaient jamais essayé. On leur avait dit qu'ils ne pourraient pas.

44

Mais un jour que je revenais d'une longue promenade sans destination autre que l'oubli, j'ai trouvé, dans ma cour, un ange aux ailes brisées. Il souriait tristement au milieu de l'herbe haute que papa ne venait plus couper, et il tirait sur une cigarette, silencieux. Je me suis arrêtée, je l'ai regardé. Ses yeux semblaient rire. Il était si beau même si son cœur saignait !

Pour aimer écrire il faut aimer marcher sans savoir où on va ; bien peu connaissent ce plaisir tout simple d'aller vers l'inconnu. Quand vous arrivez au pays de l'écriture il n'y a plus d'heures, de minutes, il n'y a que des battements de cœur, des souffles, des rythmes, des images, il n'y a plus que la présence du présent où s'entremêlent des passés, des futurs qui ne sont ni passés ni futurs puisqu'ils sont présents au milieu du présent. Tout ça se sent à presser un oignon dans votre main, à enlever ses pelures une à une jusqu'au milieu. Là c'est la clairière du vide. Êtes-vous capable de vous y asseoir tranquillement sans avoir peur, sans vous mettre à crier que le vide ça n'existe pas. Vous vous assoyez tout doucement et vous cueillez les fleurs du vide ; en peu de temps vous en avez plein les bras – comme ça sent bon, c'est large comme l'odeur prenante de la mer, c'est plein d'algues invisibles qui chantent un chant que vous avez toujours su.

L'important n'est pas de comprendre une théorie, c'est que tout glisse, un peu comme le pénis dans le vagin mouillé quand l'homme et la femme sont emportés par le désir, brisent leurs limites.

Tant d'individus fatigués incapables de cueillir les pommes de la vie. Ils ne savent pas voir les piqûres lumineuses du manteau troué de la nuit, les vieux cactus du désert, les édifices de verre du centre-ville, la profondeur des yeux qui rêvent d'un baiser, la faim des enfants barbouillés de caramel, de jus d'orange. Ils n'aiment pas la pluie, il ne leur vient pas à l'esprit de se déshabiller pour se laisser mouiller. Ils ont vécu tant de séparations, leur enfance est tellement loin, ils ne savent pas ce que sont des racines, la fidélité, l'engagement, une longue histoire d'amour. Les journaux, la télévision compactent leurs idées – des rêves à eux ils n'en ont pas. Ils sont fatigués, violents, déprimés, n'ont jamais trouvé un poème beau. Ils se tuent et personne n'est surpris.

Un homme saoul d'une femme me murmure à l'oreille : « Le vrai ciel est petit comme une main. »

Certains jours le noyau de ma vie est si léger que je suis tout étourdi. Je voudrais marcher comme les autres mais tout mon corps risque de s'envoler. J'ai un peu peur : si j'allais éclater. J'essaie de demeurer calme, d'attendre que la rue adhère à mes semelles, que les feuilles fassent apparaître un arbre, que quelqu'un me tende la main pour que je sente dans sa main la mienne. Où es-tu ma main, où vas-tu dormir ma tête.

En nous quelqu'un aimerait être un héros, une héroïne, c'est cela qu'entretient la littérature populaire. L'autre littérature est terre à terre ; elle nous donne à entendre que la vie ordinaire est difficile, pleine de petits combats obscurs qu'il vaut mieux ne pas ignorer si nous ne voulons pas passer à côté de la vie – c'est la différence entre *Le comte de Monte-Cristo* et *Le vieux chagrin*. Je tiens aux deux littératures, même si je ne lis guère la première, pour qu'elles s'entre-mêlent, que je devienne le héros de ma vie ordinaire. Je ne veux pas être un héros. Envie seulement d'être un homme parmi des hommes, des femmes qui tiennent à leur parole, vivent leur vie.

« L'idée même de "programme" ne serait-elle pas contradictoire avec celle de "savoir" ? Comment un savoir pourrait-il être "achevé" ? Il est probable que l'une des difficultés majeures liées aux programmes est qu'ils sont conçus, d'une certaine manière, du point de vue de savoirs supposés achevés et non du point de vue de leur genèse. » (Bernard Defrance, *Le plaisir d'enseigner.*) Toujours du plaisir à copier les mots de quelqu'un qui pense comme soi.

Ouvrir un parapluie, un livre : tendre les baleines, les phrases. La pluie, l'ivresse. Être au sec et entouré d'eau. Être en silence et traversé par une voix. Un bon livre est un parapluie résistant : il permet d'avancer au milieu de l'agitation du monde.

« À l'École supérieure de police, elle avait montré de grandes dispositions pour le travail de policier, dispositions qui s'étaient confirmées par la suite. Elle avait pu combler en partie le vide qu'avait laissé la mort de Rydberg, quelques années auparavant. Rydberg était le policier qui avait appris à Wallander presque tout ce qu'il savait. C'est pourquoi il se sentait investi de la responsabilité de guider Ann-Britt Höglund à son tour. » « [...] elle comptait sur lui pour lui enseigner tout ce que le milieu protégé de l'école ne pourrait jamais lui apprendre sur l'imprévisible réalité. » (Henning Mankell, *Le guerrier solitaire.*) J'ai appris à enseigner seul – il n'y a pas eu de Rydberg. J'ai lu quelques témoignages d'enseignants innovateurs ; ils innovaient parce qu'ils étaient à l'écoute des élèves, ils les suivaient dans leurs intérêts, ils les aimaient en somme au lieu de les dominer, de les écraser avec les programmes, les examens. L'amour rend innovateur. Pour ne pas ennuyer une bonne partie des élèves, j'ai appris à enseigner en me rappelant l'élève que j'avais été : j'ai essayé de devenir le prof que j'aurais aimé avoir. Ce que j'ai appris j'aurais aimé le donner à un jeune ou une jeune collègue, mais comme je suis sauvage, que je travaille seul – je fermais la porte de mon bureau, ne me mêlais guère aux échanges de corridor, j'allais rarement aux dîners du département –, que je m'emporte parfois pour une idée parce qu'elle me tient à cœur, qu'elle est plus qu'une idée, que c'est une façon de bouger dans le monde, cela ne devait pas être facile de m'approcher : il y a eu quelques essais, mais ce n'est pas allé loin – il n'y a pas eu d'Ann-Britt.

Encore un rêve d'école. J'entre dans la classe, m'assois au bureau du prof, ouvre mes notes, cherche vainement la page où je suis rendu. Toujours cette impossibilité du discours magistral : ce n'est pas le prof qui est le noyau de la classe ni la matière, chaque élève est un noyau – une classe a autant de centres que d'élèves. Si le prof l'ignore, les élèves sont condamnés à l'écouter, à ne pas travailler à trouver leur voix.

L'école de la retraite, du retrait. Le poème m'a retiré de l'agitation dominante. La parole vive des élèves m'a éloigné du carriérisme : j'aurais pu vouloir devenir directeur de quelque chose, prof d'université, chercheur. Quelques amitiés m'ont aidé à fuir la mondanité, à ne pas souffrir de ma sauvagerie. La retraite ne me fait pas peur : il y a longtemps que je vis retiré. Se retirer : tirer une nouvelle photo de soi, ne pas accepter celle que les autres ont tirée de soi.

La plupart des gens ont peu de souvenirs agréables de leurs enseignants. Peu les ont marqués positivement. À mon dernier cours j'aimerais arriver avec les cheveux verts, un chandail jaune avec cinq grandes lettres rouges : ORAMU. Je ne le ferai pas. Manque d'audace. Peut-être pas : goût plus grand de l'effacement. Pas d'éclat, de spectacle, seulement une présence tranquille.

À dire vrai, elle ne semble pas d'ici, elle ne semble pas de maintenant ; comme venue d'un autre lieu, d'une autre ère. Une écharpe grise est enroulée autour de son cou et pourtant c'est moi qui me sens étouffé. Je l'admire pour sa beauté et au lieu qu'elle rougisse des compliments silencieux que je lui adresse, c'est moi qui veux disparaître ou me fondre dans la masse.

45
La maison est paisible, une odeur de lilas me remplit le nez. Une musique douce me parvient du sous-sol. Ma chaise berçante craque. Une mouche tourne autour de mon oreille et me chatouille le tympan. Le moteur du frigidaire se met en marche. Une goutte tombe dans l'évier. Je fredonne une chanson, un oiseau essaie d'imiter mon chant. Le frigidaire s'arrête. Le bonheur m'envahit. Soudain, je sursaute, le téléphone sonne, le calme est brisé.

Un bol de soupe aux légumes sur la table, une vieille édition du roman de Charlotte Brontë, *Le professeur*, les deux gros tomes des *Carnets* de Joseph Joubert – tout repose. Ces jours-ci je ne me lasse pas d'écouter la *Messe n° 9 en ut majeur « In tempore belli »* de Joseph Haydn, *Matrice* de Gérard Manset, *Rites* de Jan Garbarek, *Come Away With Me* de Norah Jones, de regarder les capucines jaunes sur la galerie, les chardons lilas au fond de la cour, d'écouter le bruissement des feuilles du frêne, de descendre au sous-sol regarder le grand tableau de Jean-François que j'appelle *Le matelas vert* où un dormeur rêve de pieds et de mains se transformant en un oiseau qui s'envole. Cet homme qui dort tout habillé – combinaison de travail, chaussettes – a une cagoule et des gants, ce qui crée un malaise chez certains ; la vraie taie d'oreiller et les vrais vêtements collés sur la toile, tachés, doivent ajouter à leur malaise, mais cela accroît mon plaisir : les taches me touchent, j'aime sentir le travail, l'usure du temps. Je suis ce dormeur : il m'arrive quand ça ne va pas d'aller me coucher tout habillé en espérant que le sommeil efface ma tristesse – je suis alors une vieille montagne pleine de plis qui essaie de trouver le repos. Une amie me parle de mon « doux sourire tranquille », je souris, je sais en moi toute la lutte à mener pour retenir la rage qui menace d'exploser ; faire l'amour avec Pâque, rencontrer un ami, une amie, lire lentement des livres-voix, regarder des toiles-portes m'aident à désamorcer ma rage, je deviens un petit caillou chaud qui continue à croire possibles nos rêves.

J'ai été chanceux : ma classe a presque été une classe de rêve au milieu d'une école axée sur le contrôle incessant du savoir acquis. Chaque élève est un ruisseau qui demande qu'on laisse couler son eau vive. J'aime les ruisseaux : « L'histoire d'un ruisseau, même de celui qui naît et se perd dans la mousse, est l'histoire de l'infini. » (Élisée Reclus.) En pensant à toutes mes années d'enseignement, je fais miens ces mots de Wendy Ewald dans *Secret Games* à propos des enfants à qui elle faisait découvrir la photographie, la joie de toucher le réel avec nos yeux :

« During those years, I fell in love with many of the kids » – il y a pas mal d'étudiants, d'étudiantes que j'aurais aimé avoir comme amis. Tomber en amour, je trébuche toujours sur cette expression ; quand un amour nouveau m'arrive, je me sens léger, j'ai la sensation d'être un papillon, je me sens puissant, je suis un cheval noir qui rit. Quand j'ai commencé à demander des textes libres aux élèves, il y a toujours eu dans mes groupes des filles et des gars que j'avais hâte de lire, d'entendre, de voir ; je me demande parfois ce qu'ils sont devenus, s'ils ont continué à écrire, à tenir à leur parole.

Je suis Laurent Igno et Sévère Saitout ; j'aimerais bien n'être que le sourire amusé du premier mais parfois je suis la mâchoire tendue du second, ce qui fait que je suis toujours un peu surpris quand on m'aime. Le premier est apparu à cause du second – le second est donc premier –, de son appétit de connaissance. Au début Sévère était dur, rigoureux, parce que les autres admiraient la sévérité, le savoir sans sentiment, cet esprit critique que chaque professeur prétendait développer chez les élèves – lui aussi aimait un savoir sans sentiment, cela le protégeait parce que du cœur, de la vie qui anime tout, il ne savait pas parler. Sévère savait beaucoup de choses, poussait loin les théories ; un jour il a commencé à souffrir de sa maîtrise qui tournait à vide : si les autres apprentis théoriciens étaient encore impressionnés, lui ne l'était plus : les coresprits des jeunes à qui il enseignait ont fait voler en éclats les théories brillantes qu'il avait volées à d'autres. Sa sévérité a pris une autre couleur. Elle a commencé à ressembler à celle dont parle Zoran Music à Paolo Levi dans *Dialogo con l'autoritratto* : « Plus on est sévère avec soi et plus on réussit à être soi. Être sévère pour moi signifie être sincère, ne rien m'épargner, pas même les choses que de moi-même je

ne voudrais pas savoir, et encore moins voir. »
Tranquillement Sévère a senti sortir de sa poi-
trine Laurent : il ne s'attendait pas à un tel
nourrisson qui le regardait en riant, en lui ten-
dant les mains pour l'embrasser. Ces deux per-
sonnages m'aident à lutter contre le moi qui
veut avoir raison, convaincre, à le tenir à dis-
tance, à me rapprocher des autres en me jouant
de moi.

Laurent aime cette phrase de François Tos-
quelles dans *L'enseignement de la folie* : « On
devrait facilement tomber d'accord sur le fait
que ce sont plutôt de petits riens qui taquinent
toujours les hommes. » Il n'aimait pas enseigner
à plusieurs ce qui n'intéresse que quelques-uns.
Il se méfie de qui *veut* enseigner, craint que l'enseignement ne tue la vie. S'il a du plaisir à écrire,
c'est qu'il y a toujours de petits riens qui vien-
nent le taquiner. Pas de grande quête dans ses
livres, seulement de petites cabanes où s'abriter
un instant. Sa force, c'est la fragilité, l'ouverture ; dans son écriture tout est enchevêtré : cris,
paroles, murmures, silences, fêlures, cheminements, chants, constats. Laurent n'avait rien d'autre à enseigner aux élèves que l'écriture qui répond à la vie ; il les invitait à faire de petits textes
pour tenter d'épouser le mouvement de la vie,
pour trouver des mots qui aident à mieux respirer, à mieux mourir parce que écrire c'est taquiner la mort et la vie. À la fin de chaque atelier,
il proposait aux élèves quatre exercices – deux
de réflexion, deux de création – ; chacun choi-
sissait celui qui lui parlait le plus. Il arrivait
assez souvent qu'un élève réfléchisse à une pro-
position de création, qu'un autre fasse une création à partir d'un sujet de réflexion ; cela ne
déplaisait pas à Laurent qui soutenait qu'une
bonne réflexion est une création, qu'une bonne
création vous donne à réfléchir d'une façon neuve
à quelque chose d'usé, tout ce qui importe étant

l'éveil de l'esprit, les petites étincelles qu'il allume dans le monde – on ne les allume qu'en risquant sa peau, disait-il, il le dit encore.

Le ciel, aujourd'hui, manque de nuages. Il se bombe au-dessus de la ville et on y cherche en vain le soleil qu'il a comme avalé. La lumière qui en coule est grise et poudreuse. L'air pique les yeux, engourdit le bout des doigts et force les jambes à se mouvoir rapidement. Une attente inquiète règne partout. Des inconnus se dévisagent tout à coup sur le trottoir, surpris, ne sachant quoi se dire. Et soudain, voici que se produit un événement minuscule. Un flocon de neige, venu du néant, se met à tournoyer dans l'air et commence une descente hésitante comme s'il craignait de fracasser sa forme fragile et compliquée, puis se dépose sur le sol et disparaît.

Circonférence

Parfois on invite Laurent Igno à venir parler de son métier d'enseignant. Comme il n'aime pas faire de conférence, en attendant qu'on lui pose des questions il improvise à partir de notes qu'il a écrites comme elles venaient sans se soucier de leur donner un ordre – il les modifie un peu avant chaque non-conférence. Voici la dernière version de ses notes – leur titre n'a pas changé : « Écouter et surprendre». S'il y a vingt-six règles, c'est simplement qu'il ne cesse de s'étonner de ce qu'il considère comme la grande invention : l'alphabet.

Situation. Ce ne sont pas de trucs, de recettes dont nous avons le plus besoin pour enseigner mais de femmes, d'hommes qui parlent en risquant leur peau, préservent notre quête d'une vie moins stressante, moins paniquante, plus épanouissante. Impossible de me résigner à ce que la plupart aient une vie pleine de déceptions, d'échecs, de peurs, de résignations. Quand j'ai commencé à enseigner, j'ai imposé un discours théorique, j'ai exercé le pouvoir de l'autorité ; j'ai vu au bout de cinq ans que c'était mutilant pour les élèves, pénible pour moi. Je ne regardais pas les élèves, je n'avais d'attention que pour la matière, le savoir qui en rendait compte. Quand je me suis rendu compte qu'il n'y avait que trois ou quatre élèves qui suivaient vraiment alors qu'un enseignant doit aider tous les élèves, j'ai commencé à regarder, à écouter les trente autres. J'ai découvert que je faisais fausse route : j'étais un tyran qui n'écoutait pas ce que les élèves disaient, j'étais arrogant avec bonne humeur : je croyais transmettre le savoir le plus actuel sur la matière. Peu à peu mon sourire-bouclier a disparu, j'ai commencé à douter de la façon dont je communiquais mon savoir, j'ai eu envie de règles plus humaines, j'ai découvert la force de la bienveillance.

Règles pour fonder une école d'enseignement mutuel. 1. Développer la singularité : lutter contre l'uniformisation. Accepter que les élèves ne pensent pas comme moi ; les écouter pour comprendre leurs points de vue. 2. Remplacer les exposés théoriques, les cours magistraux par des ateliers, des tables rondes, des séminaires – que les élèves soient actifs : cesser de les condamner à la passivité. Qu'un cours ne soit qu'une suite d'expériences et d'entretiens où chacun parle librement. 3. Encourager au lieu de châtier : ne jamais humilier les élèves – quand j'entends des profs se moquer d'eux, les traiter d'incultes, d'analphabètes parce qu'ils n'ont pas leur culture, leur culte de la culture, je rage : à quoi bon une culture qui se pavane, humilie. 4. Être avec les élèves et non au-dessus : les traiter comme des amis. Comprendre leur dégoût de l'école, ne pas être un dresseur mais un compagnon. 5. Parler librement, ne pas mentir ; créer ainsi la confiance qui va permettre aux élèves d'en faire autant. Si nous ne disons pas les vraies choses, il n'y aura tout au plus qu'un ennui poli dans la classe. 6. Les élèves sont plus importants que la matière, ce sont eux la matière première, ce sont eux que je dois aider à trouver et à déployer leurs forces. Accepter que les élèves malmènent la matière, en rient. 7. On apprend par erreurs et tâtonnements, blocages et trouvailles. Ne jamais faire semblant de savoir quand je ne sais pas – poser des questions quand je ne comprends pas. 8. Il n'y a ni premier ni dernier, il n'y a que des individus différents avec des possibilités différentes. Lutter contre la concurrence, privilégier la coopération – j'ai plus de plaisir à vivre parmi des individus que j'apprécie qu'au-dessus d'individus que j'ignore. 9. Ne pas multiplier les objets d'étude – il vaut mieux faire lire quatre livres de poèmes que de suivre un manuel ou une anthologie. Quelques expériences significatives plutôt qu'un savoir encyclopédique. 10. Donner des travaux courts pour éviter le remplissage, pour permettre à la pensée de s'exprimer plus vivement. Niaiserie de la dissertation qui force la pensée à suivre un moule – crucifixion du cerveau. Ne pas surcharger les élèves de travaux : plus j'ai de temps, plus je peux faire un travail à mon goût. 11. Diviser le groupe de plusieurs façons pour multiplier des rencontres différentes entre les élèves – chaque élève peut être un enseignant pour un autre élève ou pour moi. Être coude à coude avec les élèves, les écouter m'a fait quitter la voie autoritaire, j'ai appris à dire *je ne sais pas* : quel plaisir pour eux de sentir qu'ils peuvent apprendre quelque chose au prof. 12. Ne pas me limiter au monde habituel – grande ville, médias, économie, performance, évaluation –, m'intéresser au chamanisme, à l'invisible, à la méditation, au mystère, au poème, à la prière, au secret. Les limites du réalisme sont trop souvent désespérantes, coupeuses d'élans : on tourne en rond dans une cage logique. 13. Faire un fou de moi de temps en temps : dire ce qui me passe par la tête même si ça paraît loin de la matière étudiée, du sujet débattu. Faire rentrer la fantaisie dans la classe – que l'inouï, le bizarre, l'inattendu ne soient pas mis à la porte. 14. Dire pourquoi j'aime les commencements, les surprises, les flèches, les ponts, les arbres, les haïkus, les esquisses, les lampes, la danse, le feu – plus on aime de choses, plus on crée de liens. 15. Aimer les élèves qui spontanément ne m'attirent pas, ceux qui ne m'aiment pas – je suis au service de tous. 16. Ne pas noter les travaux d'équipe : qu'ils soient seulement des préparatifs aux travaux individuels. Apprendre aux élèves à tout signer : que tout ce qu'ils font porte leur nom – ne pas accepter l'anonymat. 17. Faire circuler les travaux des élèves : publier chaque session un choix de textes des élèves de l'année précédente pour qu'ils voient qu'il n'y a pas qu'un chemin, que chacun peut s'engager dans le sien. Commencer chaque atelier par la lecture de quelques textes d'élèves de la classe sans les commenter, en les laissant résonner en chacun librement. Les textes des élèves sont aussi importants que la matière à l'étude. 18. Regarder tranquillement les corps des élèves plus ou moins beaux, plus ou moins fatigués pour leur confirmer leur présence, ne pas les laisser croire qu'ils ne sont que des numéros de dossier, des cerveaux producteurs de travaux. Il y a parfois une complicité qui s'installe entre les corps qui rend superflus les mots. 19. Ne donner ni contrôles ni examens en plus de ceux prescrits ; favoriser les travaux libres de création ou de réflexion. 20. Réduire au maximum l'importance des diplômes, des notes, des rangs – ce qui importe vraiment, c'est l'éveil d'intelligences aimantes : chaque élève doit avoir la chance de développer la sienne. 21. Les notes sont une sottise : elles entravent une formation véritable. Avec qui essaie de faire un pas pour s'approprier sa parole, son intelligence de la matière, être généreux, souligner dans son travail ce qui mérite d'être poussé plus loin. Quand on leur demande des travaux où ils peuvent s'engager, risquer leur parole, les élèves sont drôlement plus intelligents et c'est un plaisir de les lire – presque tous ont de bonnes notes. 22. L'échec de l'école obligatoire pour les jeunes est patent : tant d'années où étudier n'est pas examiner ce qui m'attire, travailler librement à des expériences, mais ânonner, mémoriser, répéter, sombrer dans l'ennui. Fausseté des programmes qui prévoient tout – ce qui éveille, c'est l'imprévisible, la découverte, les essais. 23. Proposer des exercices surprenants pour donner la chance aux élèves de sortir des sentiers battus – connaître toutes sortes de chemins pour entrer dans la matière pour permettre à chaque élève d'en trouver un à son goût. 24. Ce n'est pas parce que je connais bien la matière que je dois étaler mon savoir ; il faut plutôt l'oublier, faire comme si je la découvrais pour la première fois, m'étonner, jouer celui qui ne comprend pas pour donner une chance à l'élève de faire ses premiers pas. 25. Si le programme me force à enseigner des sottises, le dire aux élèves : ne les tromper ni sur la matière ni sur moi. La franchise affranchit. 26. Ne pas faire croire aux élèves qu'il y a beaucoup de choses à apprendre : il y en a toujours très peu. L'école que j'aime donne la priorité aux gestes, aux expériences, au partage du savoir. Considérer la matière comme un gros ballon avec lequel on joue, chacun étant libre de le faire rebondir à sa façon.

Table

CET OUVRAGE COMPOSÉ EN SABON
11 POINTS SUR 13
A ÉTÉ ACHEVÉ D'IMPRIMER
LE QUATRE MARS DEUX MILLE QUATRE
SUR LES PRESSES DE TRANSCONTINENTAL
POUR LE COMPTE DE
L'HEXAGONE.

IMPRIMÉ AU QUÉBEC (CANADA)